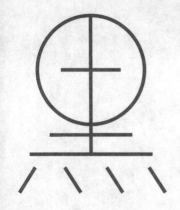

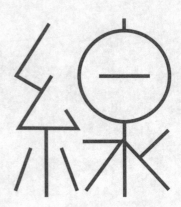

黒田目線《くろだめせん》

黒田有

毎日新聞出版

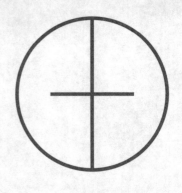

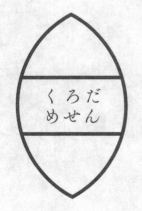

目次

第一章　男と女

第二章　あの頃の匂い

第三章　ひとこと言わせて

第四章　まだまだ修業中

第五章

私をつくった人

装幀　金井久幸（ツー・スリー）
装画　矢野恵司
挿絵　黒田有

第一章　男と女

低い声という武器

黒田目線

私の声は低い。

長い間、この声に悩んできた。

小学生の頃、家に新聞勧誘の電話がかかってきた。私が受話器をとると、若い女性が言う。

「お忙しいところすみません。お父さまでいらっしゃいますか？」

「違います」

すると今度は、

「失礼いたしました。おじいさまですね」

「……」

私はそっと受話器を置いた。

また、ある日のこと。

乳母車の中で赤ちゃんが泣きやまず、困っているお母さんを見かけた。あやすつもりで私が赤ちゃんに話しかけると、すぐに泣きやんだ。が、そのまま赤ちゃんはまばたきをしなくなり、お母さんに睨《にら》まれてしまった……。

そんな私にも彼女ができた。

高一の夏頃である。彼女の家に初めて電話したとき、出たのは運悪く彼女の母だった。緊張しながらも、印象をよくしようと私は使い慣れない言葉を並べ立てた。すると、よけいに声が低くなったようで、「娘が五〇歳ぐらいの男と不倫している」と彼女の母はカン違い。その夜、彼女の家では、「家族会議」が開かれたらしい。

その彼女と学校の帰り道、ひと気のない場所でふたりきりになった。

秋の夕暮れ、最高のシチュエーション。

会話が途切れた瞬間、私は彼女を見つめた。少しうつむく彼女。心臓のバクバクを止めようと鼻歌をうたう私。

すると、頭上に三匹のコウモリが集まってきた。

高校生カップルの頭上にコウモリ三匹……。ムードは一瞬にして崩れ去った。

数日後、彼女が別れ話を切り出してきた。

「ほかに好きな人ができたから……」

とっさに私は問い詰めた。

「声の高い男やろ?」

よっぽど声にコンプレックスがあったのだろう。


低い声はシブい、なんて言う人がいるが、それは間違いだ。

正解は、「シブい顔をした人の低い声は、シブい」である。

私のようにシブくない顔の者の声が低い場合、「シブい」は「怖い」に変わる。

しかし、災い転じて福となす。

私は吉本興業に入り、この低い声のおかげでたいへんトクをした。新人の頃はすぐに先輩たちに存在を覚えてもらったし、CMのナレーションや声優の仕事などもたくさんいただいた。

若い頃はコンプレックスでも、あとで財産になりえることがある。

悩みを持つ若者よ、いつかその悩みはあなたを支える武器になるかもしれない。

やさしさよりも、配慮を

いまも昔も、「やさしさ」はモテる男の性格・第一位を占めている。

最近では、男性が女性に求める条件も、最優先は「やさしさ」であるらしい。

私は、目に見える「やさしさ」が苦手な上に、幼少期から染みついた貧乏性が災いしてか、昔からモテたことがない。

女性と食事をするときはイスなんぞを引いてあげるのがジェントルマンだと言われる。だが、そんなこと純日本人な顔つきの私に似合うわけがないし、相手も気持ち悪がるだろうから、いままでしたことがない。

「やさしさ」とは、努力だけでは持ちえない能力なのではないか？　と勝手に思ってもいる。元来、その人がやさしいかどうかなんて、それを受けとる側が決めることだ。

だいたい、やさしい顔で話しかけてくる人には警戒心を持ってしまう。子供の頃、「お母さんいる～？」なんてやさしく話しかけてくる大人は、たいてい借金とりだった。

「やさしさ」を持ち合わせていない私ではあるが、少なくとも「配慮」は持ち合わせているつもりである。

大先輩である今いくよ・くるよのいくよ師匠が亡くなった。

思えば「やさしさ」のかたまりのような師匠だった。

私のような半人前の芸人でも若手時代からかわいがってくれた。コーヒーをおごってくれたり、「あんたは才能がある！」とおだててくれたりした。

私が脚本を書いた芝居をすると聞けば、ご両人でわざわざチケットを買って見にきてくれたり、楽屋見舞いに来て、打ち上げ代をそっと渡してくれたりもした。

その師匠がガンだと知ったとき、我々は漫才の舞台で、病気に関するネタをいっさい封印した。よく漫才のツッコミで使う、「病気ちゃうか？」とか「病院行ったら？」なんていう言葉をネタから抜いた。

女優の川島なお美さんがガンで亡くなったとき、ワイドショーでしきりにその模様がニュースとして映し出されていた。お会いしたことはないが、女優として立派に生きた方だったのだろう。

しかし、そのニュースの直後に、今度は乳ガンの闘病生活に入る北斗晶さんの映像が流れた。

なにもこの流れでVTRをつなげなくてもいいのではないか！　と怒りを感じてしまった。こういうところにテレビ局の配慮の欠落を感じるのだ。

「やさしさ」は大事だ。だが、大人になると、「配慮」のほうが必要にも思えてくる。

私は大阪のおばはん

先日、ある女性タレントさんに、「黒田さんはなんか安心感がある」と言われた。これは男にとってけっしてうれしい言葉ではない。なぜなら、「安心感がある」イコール「男として見ていない」ということだからだ。

幸いその女性に対し、私は特別な思いを抱いてはいなかったのでよかったが、好意を持つ女性にこの言葉を投げかけられたら、相当ヘコんでいただろう。

じつは、私はこの言葉を昔から女性によく言われてきた。中学時代の同級生から恋の相談をされたときも言われたし、板前修業をしていたときにも仲居さんに言われた。

そしてまたもや、である。

その女性タレントさん曰《いわ》く、私と話すと「お母さんとしゃべっているみたい」な感覚になるらしい。

それを聞いて、いま挙げた三人の女性には共通点があることに気づいた。三人ともに父子家庭で育った女性なのだ。お母さんがいないのである。

お父さんがいないので私を「お父さんみたい」と頼ってくれるならまだいいが、まさか私を「お母さん」に見立てるなんて……。これはなかなか恥ずかしい。

思い返せば私自身、生まれたときから親父は家にいなかった。

母は内職で生計を立てており、家にはひっきりなしに母の友人が出入りしていた。朝から晩までいろんなおばちゃんたちが大声で笑い、泣き、怒りくるう。貧乏ゆえ小さな家である。母たちのしゃべり声は家中に響きわたっていた。

そんな環境で育った私が「おばはん化」するのは、いたしかたないのかもしれない。

自分自身、思い当たる行動もしている。

スーパーの袋は集めるし、買い物で悩んだときは無意識のうちに手のひらでアゴを押さえている。悪口を言うと止まらないし、おっさんと話すより、おばちゃんと話しているほうが盛り上がる。

ただいま芝居の脚本を書いているのだが、私の台本にはいつも「昭和ロマンス」の香りがすると、制作の女の子に言われたことがある。

ということは、そうか！　私は「大阪のおばはん」なのだ。

これからうっとうしい質問をされたときには、こう答えよう！

「なぜ結婚しないいんですか？」

「いや私、じつは大阪のおばはんだったのです」

そしてガハハッと笑って、オナラをしてやろう。

テレビドラマのリアリティ

テレビドラマをまったく見なくなった。

年齢のせいか、美男美女の恋愛モノなんてとくに見る気もしない。どうにも嘘くさく感じてしまうのだ。

実際、視聴率も低迷していると聞いた。

最近のドラマは、人気のある若い俳優や女優に頼りすぎている感もある。

映画もドラマも、と何本も出演している方がいるが、さらにプロモーションでバラエティ番組やトーク番組にも出演するから、素顔も私生活もおおよそのことがわかってしまう。ファンにはうれしいと思うが、そうなると、映画やなんかでその人たちが悲しい場面を演じていても、こちらは泣けないのだ。

そんな中、テレビ朝日系で放送された倉本聰さん脚本のドラマ『やすらぎの郷』が話題となっている。

石坂浩二さん主演で、俳優たちの老後を考えるドラマだ。脇役も往年の豪華俳優、大女優たちが固めていた。

思えば、昔の俳優さんはめったにバラエティ番組に出なかった。

高倉健さんや菅原文太さん、緒形拳さん……などなど。みんな私生活を見せないからこそ、映画の中ではその役柄として見入ってしまう。だから、感動を生んだのではないか。

小説に感動するのも、人それぞれに頭の中で主人公の姿や声を勝手に想像できるからではないか。読み終わった小説が映画化されることもあるが、私は見ない。原作を超える映画はあまり見たことがないからだ。

作り手側が、ターゲットを若者に合わせすぎてはいないだろうか。

『やすらぎの郷』のヒットは、七〇代、八〇代の方々が、若かりしときに見たスターたちのリアリティに共感したからではないか。貧乏でモテない男やだらしない女性を美男美女が演じても、リアリティがないのだ。

昔、『101回目のプロポーズ』というドラマが人気を得たのも、主役が武田鉄矢さんというリアルな中年男だったからだと思う。

いまの若者たちは我々の世代なんかよりも、ずっとドライだ。そして、昔なら「お年寄り」と言われる年齢の方だって、いまやお年寄りではない。そんな人たちにも共感できる「温故知新」のようなドラマや映画が出てくることを期待している。

とは言いながら、美男美女ドラマでもし私に「近所のおっさん」役かなんかのオファーがきたら、間違いなくお受けする、ということも断言しておく。

昭和なタクシードライバー

昭和の匂いが好きだ。

だが最近、「いよいよ昭和が遠くなった」と耳にする。理由は、高倉健さん、菅原文太さんなど昭和の名優が亡くなったからだ。

私は健さんの大ファンで、数多くの作品を鑑賞してきた。

私が二歳のとき、父親が失踪したので、我が家には父親像というものがなかった。そんな中、スクリーンに映る忍耐と哀愁の健さんの姿を見て、「シブい!! こんな人が父親なら……」と思ったものだ。

調べてみると、『幸福の黄色いハンカチ』の公開が一九七七年。健さん四六歳。

なにを隠そう、この私も来月で四五歳（執筆当時）。自分のいまの年ぐらいのとき、健さんはあの名作の撮影をしていたのか。そう思うと我が身が情けなく、「いまの平成の世に健さんのような男の中の男なんていない」とムリやり自分に言い聞かせていた。

……が、いたのである。男の中の男が！

先日、タクシーでテレビ局へ移動したときのことだ。楽屋入りしてから、携帯電話を車内に忘れてきたことに気がついた。

あわててタクシー会社に電話すると、運転手さんが預かってくれているとのこと。ホッとして番組収録を終え、忘れ物センターへ行こうと大通りに出て右手を挙げると、目の前に一台のタクシーが止まった。

ドアが開くのを待つと、運転席から窓の外へと伸びてきた手に私の携帯電話が！

なんと偶然にも、それこそが、私が携帯を忘れてきたタクシーだったのだ。

お礼を言おうと思ったが、運転手さんはすぐにクルマを発進させ、軽くクラクションを鳴らして去っていった。

夕日を背に無言で走り去るタクシードライバー。

まるで健さんの名作『遙かなる山の呼び声』のラストシーンのようだった。

平成の世にも、男の中の男はいる。

私も、もう少し精進しよう。

結婚を考える

「もう、年末かぁ〜」

この時期になるとかならずみんなが口を揃えて言う台詞《せりふ》だ。自分でもよく言ってしまう。

そして私だけかもしれないが、この言葉のあと、毎回、頭によぎる思いがある。

「今年はどんな年やったかなぁ?」という自問自答だ。

よくテレビの占いなんかで、「あなたの今年の運勢は○○です!」なんて言ってるのを見るが、人間三六五日生きていれば、よいことも悪いこともあるものだ。だから、私はなにも気にしないようにしているのだが……それにしても、今年は、たいして変化のない年だった。病気もしなかったし、仕事面でも大きな変化はなかった。

「まぁ、変化がないのは、平穏無事ということや」

そう一息ついてはみたものの……ここで、ふっと気づくことがあった。

毎度おなじみの台詞を、今年はまだ一度も聞いていない。

「結婚はしないのか？」

という台詞だ。今年は、まだ誰も私に聞いてこない。

これはヤバイ。

昨年までは、聞かれるたびに、顔にこそ出さないが、「うっとうしいなぁー」とか「人のことはほっとけ！」なんて心の中で思っていたが、まったく聞かれないとなれば、それはそれで非常にマズイ。みんなが「この人にそれを聞いてもしかたない」というあきらめの境地に入ってしまった、ということになるからだ。

昔、母に「勉強しろ！　勉強しろ！」と口やかましく言われたが、中学三年生になった頃からまったく言われなくなった。あきらめたのである、母は。そうなると人間、不安になるもので、やけにあせって勉強を始めた記憶がある。

だから、師走にもかかわらず、

「結婚とはなんぞや？」

を少し考えてみようと思う。

だいたい私が結婚に二の足を踏んでしまうのは、母にも問題があるのだ。母は、一緒に住んでもいない親父のことを「これでもか！」というほど悪く言う。そして、私は兄弟の中で、群を抜いて親父に顔がソックリなのだ。そのため、「俺にも親父の血が半分は入っている以上、もしかしたらこんな怖いおかんのような嫁をもらうことになるのではないか」と思春期に思ってしまったのだ。

さらに、「女兄弟がいない」ということも関係しているにちがいない。

女兄弟がいる家の男は、よくも悪くも女のズルい部分を知っていると思う。だから、女の子とケンカしてもなだめ方を知っているし、心のどこかで、「女なんてこんなもの」と冷めて見られるのだと思う。

しかし私は、男ばかりの四人兄弟。女といえば、ロシアの民芸品「マトリョーシカ」のような体形で、裸のまま兄のブリーフパンツを穿いてウロウロしている母しかいない。だから、女の子に対して、妄想を膨らませてしまうのだ。清楚《せいそ》で美しく、頭もいい、漫画に出てくるような女の子を。

実際は女性だって、なにかしらの欠点があって当たり前だ。しかしながら、私は、女性に対して「免疫」がないものだから、その欠点を見ると、つい幻滅してしまう（自分のことを箱にしまい、棚に上げているのは重々承知の上です）。

だから、言い訳がましいが、そんな家庭環境もあって、私は結婚に慎重なのだ。

いまや日本も、かなりの離婚率である。三組のうち一組は離婚している計算になるらしい。

だいたい、いろんな人に結婚生活について聞いても、ロクな話を聞かない。

たいていのサラリーマンはおこづかい制で、月に三万円から五万円が相場だという。三万円とすれば、一日あたり一〇〇〇円だ。これでは禁煙者が増えるのも納得である。

妻は夫の下着を別に洗濯し、子連れ旅行も夫は置いてけぼりなんて話もよく聞くし、付き合っているときはおしとやかでなんでも言うことを聞いてくれる女性だったが、結婚した瞬間から家事をいっさいしなくなっただとか、モデルのようにスタイル抜群だったのに子供を産んだあとは隕石にでも当たったのかと思うほど肥えだし、「お前！」なんて呼ぼうもんならスタン・ハンセン顔負けのエルボースマッシュをぶちかましてきた上で、「『お前！』って、誰に言っとんじゃ！」とマウントを取られた、というウソのような本当の話も聞く。

これらの話を聞いてもなお、結婚したいと言っている男は変態だ。

そんなことをタレントのヒロミさんに言うと、

「お前は幸せを怖がっている」

と指摘された。そして、ヒロミさんはこうも言った。

「俺は、嫁が生きていてくれればそれでよい」

この言葉は響いた。「生きてくれればよい」なんて最高の「愛」ではないか。そんな言葉、私の心の辞書にはない。


番組でご一緒した野球の神様、落合博満さんからもこんな話を聞いた。

落合さんは、信子夫人に初めて会ったときに一目惚れしてしまい、猛烈にプロポーズしたのだが、信子さんはそれを断り続けたらしい。信子さんは、落合さんよりも「九歳」年上であることを気にしていたのだという。その一方で、落合さんは、プロポーズしながらも、信子さんの年齢については知らなかったという（やはり天才は一味違う）。しかも、信子さんがそのことを気にしていると言っても、落合さんは「年齢なんて関係ない！」と迫ってきたという。そんな落合さんの熱意にほだされて、信子さんもついにオッケーをしたそうである。

ちなみに、この当時の落合さんはプロ野球ではなく東芝の社会人選手だったので、月給は一〇万ちょっとだったそうだ。つまり、信子夫人はお金に目がくらんだわけでもない。いまだにスーパーにもふたり寄り添って行くのだという。

まれかもしれないが、こういう夫婦がいるのもたしかなのだ。

先日、知人が八八歳の祖父の誕生日に時計をプレゼントしたそうだ。たいへん喜んだおじいさんは、先だって亡くなった連れ合いのおばあさんの骨壺を開けて、涙ながらにそのことを報告したという。

はたして私の中に、これほどの「ひとりの女を愛する」という気持ちがあるだろうか。

「ない」と周りに思われはじめていることはたしかだ。

これはヤバイ。

あせってはみるが、眠気が襲ってきた。眠い。情けない。それでも、せめて夢の中では、こういう男になってみたい。

ハワイの湿度

年末にハワイに行った。

番組ロケでは何度か行ったことがあるが、プライベートでは初めてだ。知り合いのご夫婦が「一緒にどうですか」と誘ってくれたのである。

意気揚々と関西空港から飛行機に乗り、八時間でホノルル空港に到着。さすがにハワイ、空港についたとたんにもう「気分は夏」である。

さっそくワイキキのビーチへ。

しかし、寒い。風が強く、海から出た人もみんな震えている。ご夫婦曰く、こんなに風が強いハワイは初めてらしい。

しかたなくホテルにチェックインした。

ホテルの部屋に入って重大なミスに気づく。

Ｗｉ‐Ｆｉの機器を忘れたのだ。

携帯電話を海外で使うと高額な請求が来る。が、Ｗｉ‐Ｆｉ経由ならＬＩＮＥが使えるので、通話が無料になる。だから、Ｗｉ‐Ｆｉは海外旅行では不可欠だ。それに、ＬＩＮＥが使えないとご夫婦とも連絡がとれない。建物の名も道路も知らないから、待ち合わせ時間や場所が確定できないのだ。

せっかくのハワイだ。空気を読んでご夫婦ふたりきりにして、自分は別行動しようと思っていた。だが、こうなるとご夫婦にくっついて歩くしかない。おまけに普段はいらないことをベラベラしゃべる私なのに、ご夫婦に「Ｗｉ‐Ｆｉを忘れた」と報告するタイミングを逃してしまった。

きっと奥様は、「この人、なんでこんなについてくるん？」と思ったに違いない。

旦那は私の友人だからいいとしても、奥様はふたりきりになりたかったのだろう。その証拠にふたりが少し早歩きになった場面もあった。しかし、私も必死だ。英語なんてまったく話せない。迷子になりたくないので、彼らを見失うわけにはいかない。

はたから見れば異様な光景だったはずだ。カップルの後ろにベタッと男がついて回っているのだから。

しかし、やはりハワイは最高だ。

青い海に青い空。そして湿気がない。だから、肩がこらない。

私は強度の肩こり症なのだが、湿気がないと肩がこらないのだ。湿気がないから熟睡できる。ご夫婦は、クルージングや買い物、パールハーバーにも連れて行ってくれた（ついて行ったのだが）。

五日間ハワイに滞在して、関西空港に到着。ご夫婦にお礼を言って別れた。ふと見ると、奥様は空港のマッサージルームに入って行った。

ハワイに湿気はないが、私自身が奥様にとっては「湿気」となっていたようだ。

気兼ねのないヤツ

家の近くに同級生が小さなお店をオープンさせたので、よく顔を出す。

小学校の頃からの幼なじみなので、〝気兼ねなく〟話せる相手だ。こちらもカッコつけなくていいし、向こうもこちらを客だとは思っていないだろう。

しかし、この〝気兼ねなく〟が、たまに私を腹立たせる。

彼にはいつもグチを聞いてもらうのだが、たまに彼の答えが気に入らないことがあるのだ。

「忙しくて休みがない」そう私がグチれば、

「ヒマよりええやないか」と答えてくる。

わかってる。それはわかってるのだ。

ただ、あなた以外にその言葉を言うと、まるで私が忙しいことを自慢しているようになる。だから、幼なじみのあなたに言っているのだ。

「あー、なんか美味いもん食いたいなぁー」と言うと、

「いつもロケで食うてるやん」と突き放してくる。

「ロケではひとくちだけや！　それに食べ物のロケはたくさん食べるから腹がパンパンになるし、画面上では熱々に見えてもけっこう冷えてることが多いねん！」と言い返すと、

「それでもタダやろ」と。

「女の子との出会いがない」と嘆くと、

「きれいな女の子とばっかり仕事しやがって」と怒りだす。

「仕事やからや！　ヘンにきれいな人とばっかり仕事してるから、目が肥えてまうねん。俺が男前ならええけど、よく見てみい！　金ないのに高級寿司店におるみたいなモン、つまみ出されるやろ！」

そう反論すると、ヤツは人の顔を指さして大笑いする。

笑っている彼もまた、独身である。

小、中学校といつも一緒だった私と彼が、四〇代半ば（執筆当時）にもなってまだ独身同士とは。しかも、四六歳にもなるいまもまだ、あの頃のように憎まれ口をたたき合っている。

もしかしたら〝気兼ねなく〟話せる相手は、もう彼だけかもしれない。

大人になってしまった私は、いつの間にか〝気兼ねない〟付き合いが面倒になってしまった。

よし！　こいつとは、ずっと気兼ねなく付き合おう！

そう心に決め、いつものように店のカウンターに座り、ヤツの過去の恋愛話や意外にブス好きだということを大きな声で言ってやった。

しかし、ヤツの様子がいつもと違う。ひとりの女の子が黙って店を出ていった。彼の新しい彼女で、私に紹介したかったようだ。

〝気兼ねなく〟も、空気を読まないとたいへんなことになる。

初恋

黒田目線

「すいません！」

見知らぬ女の子からそう声をかけられたのは、中三の夏休みだった。

家のすぐ近くの電信柱の前。声をかけてきた女の子のとなりにも、もうひとり女の子がいて、その子は顔を真っ赤にしていた。

ふたりともセーラー服姿だ。声をかけてきたのは、ショートカットで活発そうな女の子。もうひとりのモジモジしてる子は、ロングヘアーのおとなしそうな女の子。対照的なふたり組だった。

「なに？」

ぶっきらぼうに私は返した。一四才の私には、見慣れない制服の女の子に話しかけられて愛想よく対応できるほどの、女の子への免疫力は持ち合わせていなかった。

ショートカットの子が便箋《びんせん》を私に差し出す。

「この手紙をあなたの友達の○○くんに渡してほしいんです。私たちもあなたたちと同い年なんですよ」

○○くんは私の友人で、学校でも一、二を争うイケメンだった。どうやらロングヘアーの子がそいつにラブレターを書いたのだが本人には渡せず、ショートカットの子に相談したところ、巡り巡って私から渡してもらおう、という話になったようだ。さほど驚きはなかった。その友人はモテまくっていたので、この類いの話はしょっちゅうあったからだ。

「わかった」

手紙を受けとり、私がその場を去ろうとすると、「あの～」と、か細い声でロングヘアーの子に引き止められた。振り向くと、彼女はモジモジしてばかりいる。見かねたショートカットの子が、天真爛漫の笑顔で私に聞いてきた。

「返事、もらえますよね！」

「たぶん」

そう答えた私だが、内心では、「俺に聞かれても――」と思っていた。ロングヘアーの子はうつむいたままだった。

次の日、私はわざわざ自転車に乗って、友人の家までその手紙を届けた。友達は、「あ、ああ……」と言うと、封も開けずに手紙をテーブルの上に置き、尾崎豊の素晴らしさについて私に語り出した。彼にしてみれば、ラブレターなんて日常茶飯事のこと。とくに気にも止めてもいないようだった。

友人の話を適当に切り上げ、私は家路を急いだ。高校受験の真っ只中だった。頭のよくなかった私は、必死で勉強しなければ高校に行けないかもしれないのだ。

家に着き、自転車を止めようとすると、明るい声がした。

「こんにちは！」

ショートカットの子だ。ひとりだった。

「手紙、渡してくれました？」

「いま、渡してきた」

「ありがとう！」

ショートカットの子は笑顔でスタスタと帰っていく。真夏の夕暮れ、少し生暖かい風が吹き抜けた。スカートをなびかせて走り去る彼女の後ろ姿に、私はいままでにない感情を覚えはじめていた。「冷た！」と思ったら、隣りの家の大木にとまった蝉に、おしっこをひっかけられていた。

何日か後、家のそばにまた、あの女の子ふたり組がいた。

「あのー、返事どうなりました？」

ショートカットの子が聞いてくる。

「なんかあいつ、いま忙しいみたいで……」と適当に返事をした。

実際、あの日から友人とは会っていなかったし、そもそもあいつはラブレターに返事なんかするヤツでもない。もしかしたら、目を通してすらいないかもしれない。

ロングヘアーの子は悲しそうな顔をしてうつむいたままだ。ふたたびショートカットの女の子が口を開く。

「聞いてもらえませんか？」

「今度、会ったら聞いとくわ」と答えると、「電話で聞いてみてください」と語気を強めて言ってくる。

いささかムッときてしまった。よくよく考えれば私には関係のない話だし、そもそも直接、友人に聞けばいいはずなのだ。しかし、女の子たちの前で「いい格好をしたい」

という下心の芽生えた私は、「わかった」と言ってしまった。

「ありがとう！　また明日、来ます」

ショートカットの子は元気よくそう言うと、ロングヘアーの子の手を引き、いつもの電信柱を曲がって帰っていった。

ウチの電話は電話料金を滞納しているため、つながらない。なので、なけなしの小銭を握りしめ、近所の公衆電話から友人に電話をかけた。「高校受験があるから、女の子と付き合っているヒマはない」というのが友人の答えだった。

翌日、またあのふたり組が家の前で待っていたのでそのまま伝えた。

「じゃあ、高校に入るまで待ちます！」

ロングヘアーの子が言った。私自身の話ではないので、なにも答えようがない。

「じゃあ」

家の玄関のドアを開けようとすると、ロングヘアーの子が聞いてきた。

「また来ていいですか？」

「なんで？」

そう私が聞き返すと、友人のことをいろいろ教えてほしいのだという。俺も受験があるのに……と思ったが、またまた下心の虫が疼きだした。

「べつにええよ」

すると、ショートカットの子が笑顔で言った。

「じゃ、これからはこの子ひとりで来ますんで！」

おい、ちょっと待て！　私はあなたに興味が湧いてきているのに、なぜ忙しい受験勉強の時間を割いてまで、友人に恋している女と話しをしなければならないのだ！

そう思ったが、「君も一緒に」と言える根性は、一四歳の私にはなかった。

「ありがとう！」

ショートカットの子はふたたび微笑み、ロングヘアーの子の手を引いて帰っていった。

「あの制服の女の子たち、あんたの友達か？」

その晩、母が聞いてきた。

「友達とかやない」

適当に答えると、母は「そうやろうと思った」と笑った。

「あれ、お嬢さま学校の○○女子中の制服や。あんたみたいなんが、あんなお嬢さまと友達になんかなられへん」

そうか、〇〇女子中はエスカレーター式の学校だから受験がないんや、と初めて気づいた。

次の日も、その次の日も、ロングヘアーの子は家の前にやってきた。

ほんの一五分程度だが、ロングヘアーの子は友人について質問攻めをしてくる。好きな食べ物や音楽、家族構成まで。初めはおとなしい子かと思っていたが、慣れてくると、まるで芸能レポーターのようにメモ帳に書いてある質問をぶつけてきては、私の解答をせっせと書きとめていた。

三日目、しかし彼女はピタッと私の前に現れなくなった。

その後もなんの音沙汰もない。私としては、貴重な時間を割かれなくなったことは幸いであったが、少しさびしさも感じていた。

夏休みも終わり、秋になった。

学校から帰ると、背後から大きな声がした。

「おひさしぶり！」

振り向くと、あのショートカットの子がいた。

目を丸くした私に、「今日は謝りにきたんです」と言う。聞けば、ロングヘアーの子には別の好きな人ができたらしい。

「あの子、熱しやすくて冷めやすい子やから……」と笑いながら話す彼女。

「なんで君が代わりにくるん？」

「あの子の好きな人、めっちゃヤキモチ焼きで、ほかの男の子と話するだけで怒るから」

なんて勝手な女や！　と思ったが、お嬢さまなんてそんなもんだろうと心を鎮めた。

一方、目の前にいるショートカットの子はなんていい子なんだ、とも思った。友達のためにわざわざ謝りにくるなんて。

……待てよ？　まさか俺に会いたいがために来たんか？　そう思うと、動揺すると同時に、少し自信が湧いてきた。

「なあ、近所にできたロイヤルホストに行かへん？」

気づけば彼女を誘っていた。しかも、快くオッケーをしてくれた。

自転車にふたり乗りして、ロイヤルホストへ（現在、「ふたり乗り」は違反行為ですが、なにぶん三〇年以上前のことなのでお許しを）。後ろから吹いてくる秋風が彼女の短い髪の毛を揺らし、シャンプーの香りが私の心を躍らせた。

いまは知らないが、当時のロイヤルホストはコーヒーが「おかわり自由」だった。豚さんの貯金箱から小銭をかき集めてきた私は、当時、まだ飲めなかったコーヒーを無理やり何杯もおかわりしながら、彼女と語り合った。

「またここで会いましょう」

そう言ってきたのは、彼女のほうだった。しかも、「朝六時集合にしよう」と言う。

彼女の家は門限が厳しいのだが、朝早いぶんにはいつでも会えるというのだ。

私は喜んだ。しかし、先立つものはお金だ。彼女と「割り勘」にすればいいのだが、いい格好をしたい私は、その単語が言えずにいた。

翌日から、私は金魚すくいのポイに紙を貼る内職仕事を始めた。一生懸命やれば、週に二度ぐらいは彼女とコーヒーが飲める。

母は「受験シーズンになにしとる！」と烈火のごとく怒ったが、私は無視した。当然、学力は落ちる。先生からも親子面談の際に、「目標をもう三ランク下の高校にしてほしい」と言われたが、私は高校なんてどうでもよくなっていた。誠に恋は盲目である。

私と彼女は週二回、ロイヤルホストで他愛もない話をしてから学校へと通った。

冬が過ぎて春になり、私は高校生になった。

彼女とのコーヒーデートも続いていた。

高校生となった私に、友人ができた。私のすぐ後ろの席になったKくんという男。おもしろいヤツで、ふたりで先生の真似をしてはケラケラ笑い合った。

ある日、Kくんが私に「彼女はいるん？」と聞いてきた。私は黙ってしまった。コーヒーデートは続けていたが、正式に彼女に「付き合ってください」とは言っていない。

「なんや。おるんか？」

口ごもっている私にKくんが詰めてくる。

「好きな子はいる」

そう答えると、会わせろ！　と言ってきた。私は承知した。彼女にKくんを見てほしかったし、いつもふたりきりでは彼女も退屈してるかも、と思ったからだ。

彼女にそのことを伝えると、「それなら家にきて」と言う。

学校帰り、渡された地図を見ながらKくんと一緒に彼女の家へと向かった。驚くほど大きな家だった。私服の彼女が迎えてくれた。制服の彼女しか見たことがなかった私は、すっかり見惚れてしまった。

彼女の部屋で三人、ワイワイ話をした。いや、ほとんどKくんがしゃべっていた。いまでもそうだが、なんとも思っていない女の人の前では余計なことまでベラベラしゃべる私だが、気になる人の前では無口になってしまう癖があるのだ。彼女もKくんの言葉に笑っていた。

それからは何度も彼女の家におじゃました。

Kくんがいたほうが緊張もほぐれて楽しく話ができるので、もっぱら私のほうからKくんを誘って、彼女の家へと出向いた。

あとから聞いた話だが、彼女のお父さんとお母さんは別居中で、彼女はお父さんに育てられていたらしい。

ある日、いつものように彼女の家で話をしてると、Kくんが聞いてきた。

「ドクターペッパーってジュース、知ってる?」

「知ってる!　東京しか売ってないジュースやろ?」と彼女。

私も耳にはしていた。幻のジュースがあると。

目を輝かせKくんが言う。

「それが、スーパー〇〇の店で売ってるらしいで！」

彼女も目を輝かした。

「え⁉　飲みたい！」

スーパー〇〇の店は彼女の家から自転車で片道三〇分ほどかかる。ならば！　と私が買いにいくことを志願した。彼女に男の優しさを見せてやりたかった。

「わー」

彼女が私をハグした。身長の低い彼女の髪が私の鼻先に当たり、あのいい香りがして、身体中が熱くなった。

その日以来、Ｋくんと彼女は、なにかとドクターペッパーを飲みたがった。申し訳ないが、私にはその味の魅力が少しもわからなかった。コーラのほうが何十倍も美味い。しかし、彼女が好きな飲み物にケチをつけるわけにはいかない。せっせと自転車を漕いでは、ドクターペッパーを三本、買い出しにいく私。

何度目だっただろう。いつものようにドクターペッパーの買い出しで自転車を走らせていると、近所の駄菓子屋のトビラに貼ってある「ドクターペッパー入荷！」の張り紙が目に入った。私は狂喜した。この店なら彼女の家から自転車で三分である。

さっそくその駄菓子屋でドクターペッパーを三本買い、意気揚々と彼女の家に戻った。二階の彼女の部屋へと階段を上がり、そのときだ。わずかな空気の変化を感じた。出かけるときには、階段からでもふたりの声が聞こえていたのに、いまは大音量の音楽が鳴っているばかり。不審に思いつつ部屋の扉を開けてみると、ふたりは唇を重ねていた。彼女のほうが私に気づいた。混乱した私は、ドクターペッパーを二本、扉の前に置くと、無言で階段を降りた。自転車に飛び乗って、自分の家へ。その日、Kくんからは何度か電話があったが、居留守を使うよう、母に頼んだ。

その後、学校でもKくんとはなにも話さなくなった。彼女からも連絡はなかった。もしかしたら、彼女は私にもっと強引に誘ってほしかったのかもしれない。だが、当時ウブだった私には、そこまでの考えは及ばなかった。

二学期、Kくんが学校をやめた。

詳しい事情は知らないが、風の噂で女の子を妊娠させてしまったのだと聞いた。出産費用を稼ぐために工場では働いているらしい。妊娠したのがあの彼女なのか、知る由はなかったし、調べる気にもならなかった。

苦い初恋だった。夏に蝉が鳴きだすと、ほんの少し純情だった自分を思い出す。

第一章　男と女

第二章　あの頃の匂い

黒田目線

秋祭りとコンビニ

季節の中で、秋がいちばん好きだ。

一〇月になると金木犀《きんもくせい》の香りが漂ってくる。この香りがたまらなく好きなのだ。香りをたどっていくと、神社に着くことが多い。

秋、神社、とくれば、「秋祭り」。

子供の頃、近所の神社の秋祭りが、私は大好きだった。

屋台がたくさん出て、そこだけがまるで昼間のように明るい。なのに一歩でも神社を出ると急に暗くなって、街灯だけが寂しく光り、その周囲で季節外れの小さな虫たちがクルクルと円を描いている。

そんな空気が好きだった。

貧乏だった我が家だが、秋祭りのときだけは少額ではあるが、母がおこづかいをくれた。お年玉もくれない母だったが、信心深さゆえか、秋祭りだけは特別だった。

だから、私は秋祭りが楽しみで、指折り数えて待っていた。

最近、近所で秋祭りが行われていたので、足を運んだ。時代は流れても、日本古来の「祭り」が変わるはずはないと思ったからだ。

しかし……なにかが違う。

まず、出店の種類である。

綿アメやりんごアメはかろうじて残っているが、べっこうアメや水アメは姿を消していた。代わりに、クレープやチョコバナナなんてものが大きな顔をして並んでいる。日本の祭りなのに、完全に欧米列強にやられた感がある。

さらに驚いたのは、子供の数がやけに少ないことだ。

少子化のせいもあるのかもしれない。それにしても子供たちがはしゃいでいない感じがするのだ。私たちが子供の頃なんて、祭りともなれば失神するほどはしゃいだものだ。それに比べ、いまの子はおとなしすぎる。

なぜだろうと考えてみた。

もしかすると、いまの子は「夜の明かり」や「夜のお菓子」に慣れてしまっているのかもしれない。いまは夜道を歩けばコンビニの照明が光り、中に入ればおやつやアイスクリーム、ジュースなどなんでも売っている。

私自身、秋祭りの明るさに子供の頃のように感動しなくなっているのは、年のせいだけではなく、「夜の明るさ」に慣れてしまったからだろう。

都会に住む者の悲しさである。

コンビニはたしかに便利だが、私の大好きな空気感を奪ったのが許せなくなった。

腹立たしい！　コンビニなんてなくなってしまえ！

腹を立てたら、腹がへってきた。気づけば深夜一時。コンビニに行って、ラーメンを買ってこよう。

「最近の若い者は」

この原稿を書こうと喫茶店に入ったら、となりで二〇代の女の子たちが、「いまの若い子らは……」とグチっているので、「いやいや、あんたらも若いやろ！」と思った。

そういえば、いまの若者のことを「ゆとり世代」と呼ぶことがある。気になって調べてみると、ゆとり世代とは、少子化が進み、ゆとり教育を受けた世代であり、学校が土日休みになって競争心が乏しく、指示された仕事以外はしないし、出世欲がない世代とのことだった。

しかも、すでにそれより下の世代にも呼び名があるという。

それは、「さとり世代」。いまの二〇代前半の人たちをそう呼ぶらしい。読んで字のごとく、悟りを開いたかのように現実的で、車やブランド物に興味がなく、コストパフォーマンス重視の生き方をする世代らしい。

思い返せば、我々の世代も若い頃、「新人類」と呼ばれた。自分本位で、会社に忠誠を誓わず、プライベートを重視する、なんて言われたものだ。

そして、我々のすぐ前の世代は「バブル世代」と呼ばれ、世の中に金があふれていた時代なのであまり働かないと言われた。

我々のすぐ下の世代は「氷河期世代」。バブルがはじけ、就職が難しく、堅実がいちばんと考えるので夢がない、と言われていた。


こうやって言葉にすると世代によって違いがあるみたいに見えるが、いろいろ調べてみると、けっきょくは同じ構造であることに気づく。

ようは人間、年をとると、下の世代をなにかにつけてバカにするのだ。

古代エジプトの壁画にも「最近の若い者は！」と叱っている絵があるらしい。自分が若いときのことを棚に上げ、「最近の若い者は！」と言うのが人間の性なのだろう。

「最近の若い者は！」なんて言われても、若者が萎縮する必要はない。そう言っているおっさん、おばはんたちも、かならず若い時分には、同じ台詞を言われたのだから。

そう考えると「最近の若い者は！」と嘆く大人はダサい。

私は、この台詞を使わないと心に決めた。

そして、原稿を書き上げ、ほっと一息ついていると、となりの「ゆとり世代」の女の子たちが立ち上がりレジへと向かった。そのとき、ひとりの子のバッグが私の席に当たった。飲みかけのコーヒーがこぼれそうになる。謝りもしない女の子たち。

決意は撤回だ。心の中で怒鳴った。

「最近の若い者は！」

ジェネレーションギャップ

どうも年号が昭和から平成に変わったあたりから、私の若い頃といまの若者との違いがはっきりと見えてきた気がする。

まず、最近の女性の顔はきれいだということ。メイク技術のおかげもあるとも思うが、街を歩いていると、みんな平均点以上に感じる。私の若い頃もきれいな女の子はいたが、そのぶん「とんでもない顔」をした子もいたものだ。

男の子はというと、これまたスタイルがいい子が多く、顔も小さい。私の学生時分は、クラスに五人以上は旧日本軍の戦車のような体形をしているヤツがいたし、顔と肩幅がほぼ一緒の「ぬりかべ野郎」がいたものだ。

いまの若い人はテーブルとイスで食事をするので、脚が伸びやすいとの説があるとか。私たちの頃は、お金持ち以外はたいてい畳に正座。だから体形が悪くなったのだろうか。

子供についても、昭和と平成で違いを感じる点がある。

最近の子は服装に貧富の差がないのだ。

昔は、「富」の子は革靴に白タイツ、サスペンダーに紺色の半ズボン。「貧」の子はボロボロのジーンズに、親父のお下がりのダルダルランニングシャツなんてざらだった。

先日、驚くべきことがあった。

喫茶店でコーヒーを飲んでいると、後ろの席で六、七歳の男の子と若いお母さんが食事をしており、男の子のほうがご飯を食べるのを嫌がって泣き出した。すると、お母さんがなだめるのだが、そのひとことに驚愕《きょうがく》してしまった。

「ご飯を食べたら、オモチャを買ってあげる」

おもわず手にしていたカップを落としそうになった。

私が子供の頃は、ご飯を食べないなんて言った日には本当に食べさせてもらえず、「オモチャを買って！」なんて駄々をこねれば、人前でも平気で往復ビンタされたものだ。

それがいまや、「ご飯を食べるとオモチャを買ってもらえる」。

大人の私からすれば、「無料でハワイに招待されて、彼女を抱ける」みたいなものだ。

そんな夢のような取り引きにもかかわらず泣き続ける子供に、私は殺意すら覚えた。

最近は私も少しジェネレーションギャップを感じている。

小言の真実

二月には母の誕生日がある。

昭和七年生まれだから御年八三歳(当時)。少々足を悪くしているが、それ以外はいたって元気。「これこそ子供孝行だ!」などと母は私に自慢してくる。

最近でこそ母の小言もめっきり減ったが、子供の頃は毎日のように怒られ、けなされ、小言を聞かされていた。

「幼少期の刷り込みというのは恐ろしいもので、そうした小言の数々を、大人になったいまでもフッと思い出す。そして、それを信じて疑わない自分もいるのだが……、なんとそれらの多くは問題含みだった、ということがわかってしまった。

先日、某番組に出演した際、VTRで流れた小言すべてがうちの母から聞いたものと一致するので感心していたところ、これがまったく逆で、すべて医学的に間違っているというのだ。

その名も、「おかんの小言は大間違い」というコーナーだ。

たとえば、

「暗い所で本を読むと目が悪くなる」

――眼科の専門医によると、一時的に目が疲れても、近視が進むこととはいっさい関係はないらしい。

「魚の骨が喉に刺さったとき、ご飯を丸飲みしなさい」

――実際に実行した方も多いだろう。だが、これはむしろ危険行為なのだと専門医は言う。固く丸めたご飯を飲み込んだため骨が奥まで刺さり、大手術になった例もあるとのこと。水を飲んでもとれない場合は、速やかにお医者さんに行ったほうがよいらしい。

「ご飯を食べてすぐに横になって寝ると牛になる」

――これも母からよく怒られた。まあ、「牛になる」という部分は物心ついた時分には信じていなかったが、それでも横になってはいけないという根拠があっての小言だろうと思っていた。しかし、食べたあとは胃が動くので、胃は血液を欲する。すぐに体を動かすと筋肉に血が流れてしまい、胃腸などに血が不足するので、むしろ食べたあとは横になるほうが体によいとのこと。

こうなると母から聞いた小言だけでなく、昔の自慢話まで疑わしく思えてくる。

「我が先祖は有名な武士だった」

「祖父が旧日本軍の戦車の設計技師だった」

「若い頃はいまよりも四〇キロやせていた」

などなど。いまさら真偽を問い詰める気はないが。

食事に行くと、母はかならず「肉が食べたい」とリクエストする。しかも、私の倍近くも食べる。

「憎まれっ子世にはばかる」

このことわざはどうやら真実のようだ。

時を超える同窓会

先日、同窓会があった。三〇年以上前の中学時代の同窓会だ。

同級生の何人かとはいまでも交流があるのだが、そのうちのひとりが、「学年全体の同窓会をやりたい！」と言いだしたのが、開催のきっかけだった。

「やろう！　やろう！」

その場にいた三人で盛り上がった。だが、三〇年以上も前の同窓生たちに、どう連絡すればいいのかわからない。

困っていると、ひとりが、卒業アルバムに学年全員の住所と電話番号が載っていたことを思い出した（個人情報にうるさい昨今では信じられない話だが……）。

いまの少子化日本とは違い、我々の時代は一学年に三十数人のクラスが九つあった。同学年が二七〇人以上もいる。一人ひとりに連絡など、とてもできない。

悩んでいると、またひとりが、「同窓会をとりまとめてくれる会社がある」と言い出した。卒業アルバムを渡すと、お知らせのハガキ、会場、二次会の手配まですべての段取りをしてくれるという。

ならば！　と学年全体の同窓会を行うことにした。


当日、受付をしてくれた友人に何人集まるのか聞いたところ、なんと約二〇〇枚もの案内状が宛先不明で返ってきてしまった、と嘆いた。時の流れは残酷である。

けっきょく、約三〇人ほどが集まり、恩師四名も足を運んでくれた。

僭越《せんえつ》ながら、私が開会のあいさつをして、会はスタート。

開始当初こそ、みんな少し緊張していたが、そこはやはり同期生。酒が入り、会話も弾んでくると、三〇年以上の時を超えて、あの頃の顔にみんな戻っていた。

同じクラスだった女性に、「あんた！　昔のほうがオモロかったで！」と笑顔で言われたとき、なんだか心地よさを感じた。道端で見知らぬおばはんに言われると腹も立つが、同級生に言われるとうれしいものだ。

太ったヤツ、頭髪の薄くなったヤツ、美人やそうでない人も、みんなごちゃ混ぜになり語り合った。恩師には、当時のたいへんさを笑いながら話してもらった。その先生方に「ありがとうございました！」と、あの頃の悪事の謝罪も含めて素直にお礼を言えたし、言える年齢にみんななっていた。

集合写真も撮り、たいへんな盛り上がりの中、会はお開きになった。

それぞれが自分の家庭に帰っていく背中に、夕暮れどき、制服姿で帰っていくあの頃の同級生たちの後ろ姿が重なった……。

年をとるのもいいものだ。

小さな嘘

黒田目線

本棚の掃除をしていたら、古いアルバムがあることに気づいた。買ったアルバムではなく、現像に出したら写真屋さんでもらえるあの薄いアルバムだ。本の間に挟まっていたのでいままで気づかなかったのだろう。

中身を見ると、写真は二枚しかない。人物は写っておらず、どちらも大きな家が写っている。しかも、かなりのピンぼけ写真である。

しばらく「なんやこの写真は？」と見つめていたが、「あー‼」と思い出した。

これは、たしかに私が中学三年生のときに自分で撮った写真である。しかも、神奈川県で。

修学旅行などでのスナップ写真ではない。人生で初めてひとり旅に行った際に撮った、たった二枚の写真だ。

忘れていた記憶が一気に蘇ってくる。けっして望んで行ったわけではなかった、その旅行の思い出が。

中学三年生になった私は、全然勉強をしなかった。

理由は簡単だ。一年生のときも二年生のときも勉強をしなかったからだ。そのまま三年になれば、落ちこぼれて授業についていけなくなるのは当たり前のこと。

一年生や二年生のときは「頭のいいヤツ」も「頭の悪いヤツ」も一緒に遊んでいたのが、三年生にもなると一気にグループが分かれ出す。高校受験があるからだ。

三年生でも、一学期は、「頭のいいヤツ」と「頭の悪いヤツ」とでグループが分かれるが、二学期になると頭の悪いヤツまで急に塾に通い出す。そうなるとグループは三つに分かれる。「頭のいいグループ」と「頭は悪いが、比較的裕福な家庭のグループ」、そして、「頭が悪く、しかも貧乏人のグループ」だ。

私はその「頭が悪く、しかも貧乏人のグループ」にいた。

このグループは、自分たちが勉強をしないことを棚に上げて、塾に通うヤツをバカにしていた。毎日、金がないので近鉄ストアをうろついたり、家電販売店に買えもしないのに当時流行っていたダブルデッキのステレオを見にいき、フタを開けたり閉じたりしていた。

そのほかによく通っていたのが、本屋さんだ。いまでこそ本屋さんは立ち読みできないように本をビニール袋なんかで包んでいるが、当時はそうしたものもなく、立ち読みをしているヤツを見つけると店の親父がハタキでパタパタとそれを阻止するのが常だった。もっともそんなことを気にする私たちではなかったので、時間があると本屋へと行き、時間をつぶしていた。


ある日、私は同じグループのKくんといつものごとく本屋さんにいた。

すると、二学期からひとつ上のグループに行ってしまったSくんを見かけた。

「参考書でも買ったのかあ！」

ふたりで囃《はや》したてると、Sくんは持っていた本屋の包み紙を後ろに隠した。買った本を見られたくないようだ。意地悪心に火がついた私とKくんは、無理矢理その包み紙を奪うと、袋を開けて中身を見た。

それは、アイドルの写真集だった。

「勉強せんとこんなん買ってええんか」

とKくんが聞くと、Sくんは一生懸命お年玉とおこづかいを貯めて買ったものだと言う。

ひときわ多感な中学三年生だったSくんは、アイドルの写真集を買ったところを見られたのがよっぽど恥ずかしかったのか、私たちの手からその写真集をもぎとると、さっさと家路につこうとする。

とっさに私が口走った。

「ちょっと見せてくれへん？」

なにを隠そう、私もそのアイドルの大ファンだったのだ。しかし、貧乏人の私がその写真集を買えるわけもなく、立ち読みすらできなかった。写真集は高価なので、売り場の手の届かない場所に置いてあり、買う人にだけ、店の人が脚立を使って取り出し、渡していた。

背中越しからでも、Sくんの優越感が伝わってきた。Sくんはゆっくり振り返ると、私に向かって冷たく言い放った。

「買ったらええやん」

それだけ言って、ふたたび背を向けるSくん。

私は殺意を覚えた。

彼は私が貧乏なのを誰よりも知っているはずだ。なぜなら、かつてSくんは遠足のときに私の弁当を見て死ぬほど笑ったヤツだからだ。しかし、笑われてもしかたのない弁当だったのも事実だ。Sくんの弁当は卵焼き、唐揚げ、ウインナー、シャケにおにぎりといった愛情たっぷりの弁当だったのに対し、私の弁当はといえば、半分がご飯、半分はヒジキだけというオセロのような弁当だったからだ。

あのときからSくんには多少の恨みを抱いていたのだ。なのにいま、私の小さなお願いまでを軽くいなしやがった。

私は、となりにいたKくんを見た。お前ならこの気持ちをわかってくれるだろう？

そんな熱い視線を送った。

Kくんは少し微笑《ほほえ》んでいた。もしかしたら、私の悔しさを代弁して、Sくんの思い上がった気持ちをズタボロにしてくれるのではないだろうか！

そう思った瞬間、Kくんは静かにつぶやいた。

「じつはその○○ちゃんの直筆サインを持ってんねん、俺」

Sくんのカラダが固まったのが、背中越しにもわかった。

写真集は金を出せば誰でも買えるが、「直筆サイン」はそうはいかない。

Sくんのカラダは一気に敗北感のオーラに包み込まれた。入れ替わりに、七色に光り出すKくんのカラダ。そして、私のカラダはというと、強度の湿気がまとわりついている。

Sくんが口を開いた。

「サイン見せてくれるなら、写真集を貸す」

ニヤッと笑うKくん。

これはもう第二次世界大戦の三国同盟みたいなものだ。KくんはSくんと同盟を組もうとしている。ちらっと私を見るふたり。その目は、「お前の差し出すものは？」と暗に訴えている。そう、三国同盟で言えば、私は日本だ。物資がない。

もう私は使い物にならないと思ったのか、ふたりはヒソヒソと話しだした。

私は思った。

このままではヤバイ。

なにせ中学生というやつは、ちょっとしたことでもひっついたり離れたりするものだ。

この状況では、私は孤立無援になってしまう。

追いつめられた私は、こう言っていた。

「じつは！　俺も！」

私のほうを振り向くSくんとKくん。ふたりとも「これ以上のものがあるのか⁉」という顔つきである。

一瞬ひるんだが、さらに私はこう言い放った。

「今度、その子の家に行く！」

ふたりはポカンとしている。

少し間を置いて、Kくんが聞いてきた。

「……どうゆうことや？」

私は自信ありげに答えた。

「だから、今度〇〇ちゃんの家に行く！」

「なんで？」

Sくんはまったく信用してない様子だ。

「だって、住所知ってるもん」と私。

ふたりは目を丸くした。

勝った！　のだ。

このアイドルの住所を知っていたのは嘘ではない。いまでは信じられないだろうが、昔はアイドルの住所は簡単に調べられたのだ。

デビューしたてのアイドルはたいてい自分の生い立ちなんかを書いた本を出すのがお決まりで、その本にはたいてい○○県○○市出身といった出身地や、両親の名前、卒業校まで書いてあった。いまのように個人情報などあまり気にかけなかった時代だ。アイドル好きの人が、それをもとに、出身地や本名のアテをつけ、電電公社（ＮＴＴの前身）に行って、住所を特定するのはわりと簡単なことだった。

じつは兄の友達がそういうことを趣味でやっていて、私にそのアイドルの住所を書いた紙をくれたことがあったのだ。

むろん、その住所を使ってイタズラする勇気などないし、ましてやそこに行くことなんて考えたこともなかった。

しかし、この状況でとっさに嘘をついてしまった。

ＫくんとＳくんのふたりに疑いの眼差しを向けられ、動揺する私。その動揺に気づいたのか、さらに彼らは私を問い詰めた。

「いつ行くの？」

「今度の休みに行く！」

いまなら「嘘やんけー、ハハハ！」ですむ話なのだが、その頃の私は同級生の手前とSくんへの恨みもあいまって、おどけることはできなかった。

さらにSくんが言った。

「じゃあ、写真を撮ってこい！」

行くしかない。

この件については誰も頼れない。まさに身から出たサビである。

もうあとには引けない。

目指すははるか彼方の神奈川県。まさかヒッチハイクで行くわけにはいかない。まず先立つものは、お金だ。

考えたあげく、知り合いのうどん屋のおっちゃんに適当に嘘をついて借りることにした。このうどん屋さんは何度か皿洗いのアルバイトをさせてもらったことがあるので（家庭の事情により、私は小学生の頃からいろいろなアルバイトをしていた）、帰ったらバイト代で返すと約束したら、快く貸してくれた。三万円ぐらいだったと思う。

神奈川県まで新幹線だけを使うのは高い。近鉄特急で名古屋まで行き、そこからこだまに乗り換えて小田原で降り、バスに乗った。バス停で降りて目的地まで……。ここまでは順調だった。

が、バス停からかなりの山道だ。いまみたいにスマホの地図アプリがあるわけでもなく、小田原駅で買った地図を広げ、なんとなくの方角で歩くしかない。

しかし、いつまでたっても目的地には着かない。どうやら道に迷ってしまったようだ。かれこれ三時間も歩き回っている。

やがて日も落ちてきて、あたりは真っ暗に。

街灯もない。季節は秋口。昼間は暑いぐらいだが、夜になると凍えるほど寒い。聞いたこともない獣の声が聞こえてくる。

怖くなった私は、遠くに見える少しの灯《あか》りを目指して走った。もう目的地なんてどうでもいい。

やっとの思いで、住宅地に出た。

時計を見ると午後八時を回っている。住宅地に出たことで、多少気持ちが落ちついてきた。

写真を撮らないとKくんやSくんに馬鹿にされる。そう思って、また地図を広げてみる。が、やはりわからない。

このままでは新幹線の最終時刻にも間に合わない。しゃがみこんで地図と格闘していると、背中から声が聞こえた。

「君、なにやってるの？」

振り返ると、上品そうなおじさんだ。

「あの……家を探してまして」

「こんな時間に？　誰の家？」

ここで素直に、「アイドルの○○ちゃんの家です！」と言えばいいものを、私はまたとっさに嘘をついてしまった。

「親戚のおじさんです」

「なんて名前？」

「田中です」

さらに嘘の上塗りをしてしまう私。

「田中さんはこのあたりには一〇軒ほどあるよ」とおじさん。

夜の住宅地、ポツンと光る街灯。地べたに広げられた地図。おじさんとしゃがみこんでいる少年の間に流れるしばしの沈黙。映像化したら、かなりシュールな絵になるだろう。

「なにしてるの？」

今度はおばさんの声が聞こえてきた。どうやらおじさんの妻のようだ。

おじさんが事情を説明すると、奥さんが言った。

「中学生がこんな時間にかわいそう。あなた警察に連絡してあげたら？」

大お節介発言である。が、おじさんも、

「そうだな。それがいいな。君、私の家はすぐそこだからついてきなさい」

私は、首筋にじっとりと汗がにじむのを感じた。

ご夫婦は歩き出した。

「ちょっと、待ってください！」

私の声が、静かな住宅街にこだました。

怪訝《けげん》そうに私を見るご夫婦。

「じつは……ぼくのおじさん、ヤクザなんです」

町はよりいっそう静まりかえった。

「だから……警察はダメなんです」

苦しまぎれの嘘だが、私の演技は名優顔負けであったはずだ。

「……じゃあ、どうすれば」

静かな声でおじさんがつぶやく。

「……かわいそう」

なにを勘違いしたのか、涙ぐむやさしい奥さん。

「え……駅まで、送ってください」

時計に目をやればもう最終の新幹線ギリギリである。私にはそれしか言葉がなかった。

「あなた！」

両手でおじさんの背中をつかむ奥さん。

「わかった。君、ここで待ってなさい」

おじさんと奥さんは家のほうへと足早に向かった。

ポツンと残された私。頭の中では、SくんとKくんの馬鹿にした笑い声が渦巻く。

しかし、しかたがない。あの状況ではああ言うしかなかった。そして時間もない。よくもまぁ、あんな訳のわからない嘘を信じてくれたもんだ。なんてやさしいご夫婦なんだ。

そうこう思っていると、向こうからバイク音がした。ヘッドライトの灯りが私を照らす。

おじさんは私の横にバイクをつけると、ヘルメットを渡し、後ろを指差した。

「乗りなさい！」

大きなヘルメットを被り、後部座席に座る私。その私の両手を自分の腰に巻き、おじさんが笑顔で言った。

「しっかりとつかまってるんだぞ」

バイクとおじさんと標準語。カッコええ。うちの親父がこんなお父さんやったら……大迷惑をかけてるにもかかわらず、私はそんなことを思っていた。

走り出したバイクは数分で住宅街を抜け、山道に入った。何度目かのカーブを曲がり、また街明かりが見えてきた。こんなに歩いたんや、と自分でも驚いていたら、おじさんがスピードを少し落としながら話しかけてきた。

「あそこに大きな茶色い家があるだろ？」

たしかに数十メートル先に一際目立った大きな家が見える。

なんや、急に？　と思っている私におじさんが言った。

「あれ、アイドルの〇〇ちゃんのお家だよ」

私は固まった。

いままさに目的地が見えている。私はあの家を写真に収めるためにわざわざこんなところまでやってきたのだ。

しかし、この善良な心やさしいおじさんに真実は言えない。言えるわけもない。

おじさんのバイクは私に嘘をついた罰を与えるかのようにスピードを上げた。

……こうなったら！

私は、右手をおじさんの手から離し、ポケットの中からインスタントカメラを出して、通り過ぎる〇〇ちゃんの家を撮影した。いや、撮れたかどうかもわからないが、無我夢中でシャッターを二回切った。たった、数秒間の出来事だった。

駅に着くと、おじさんへのお礼もそこそこに、私は最終の新幹線に飛び乗った。一刻も早くこの街から逃げだしたかった。

座席に座り込むと、泥のように眠りについた。

学校のチャイムが鳴り響く放課後の教室に、私たち三人はいた。

SくんとKくん、そして私だ。

机の上には、○○ちゃんの写真集とサイン色紙。そして、現像したての私のピンぼけした写真。

「じゃあ、交換しようか」

そう言って意気揚々と私が写真集に手を伸ばすと、その手を払ってKくんが言う。

「この写真が○○ちゃんの家やってゆう証拠は？」

私はまばたきすら忘れ、固まった。

……証拠？　証拠はあのおじさんだ！　あんな善良でやさしいおじさんが私に嘘を言うわけがない！

そう心の中で叫んだが、言えなかった。そんなことを言えば、撮影までの過程や私のこっぱずかしい嘘の話までもしなくてはいけない。

「たしかに。証拠はないなぁ〜」

Sくんまでもが言う。

私は怒りでカラダを震わせた。

この写真のために血のにじむ苦労をしたのに。しかも前借りしたお金のために、今日からセコセコとうどん屋で皿を洗わなくてはいけないのに。

しかし、証拠はない。

こんなに疑われるのなら、となり町の大きな家を適当に撮影してきても結果は同じだった。

嘘をついたがために馬鹿正直に行動し、本当に辿り着いたのに嘘のためにあせって撮影し、結果、嘘つき呼ばわりされてしまった。

うなだれる私は、その写真集から手を離し、ひとり黙って教室をあとにした。


たった二枚のピンぼけ写真が、そんな苦々しい思い出を甦らせた。

もとはといえば、私のついた小さな嘘がきっかけだ。

小さな嘘も、大きくなればたいへんなことになる。この写真をお守りにして、なるたけ嘘はつかないようにしよう。

あの親切でダンディなおじさんは、いまでもあの町にいるのだろうか。元気でいてほしい。ちゃんと御礼を言いたい。そしていまさらだが、この写真が本物の○○ちゃんの家だと言って、三〇年以上前のあの屈辱を晴らしてほしいと切に願う私だった。

食べるのが遅いあの子

ロケなんかで配られた弁当を、スタッフさんと何人かでいただくことがある。めちゃくちゃ早く食べ終わる人がいれば、時間のかかる人もいる。女の子のADさんなんかは、やはり遅い。それでもADなので、ディレクターが先に食べ終わると急いで食べ終わろうとする。

そんな光景を目にした私は、「ゆっくり食べたらええやん」と言ってしまう。すると、スタッフから、「やさしいですねー」とからかわれる。

違うのだ。私はやさしさからそう言ったのではない。

過去のある光景が頭をよぎるからなのだ。

友人やスタッフの中には、小学生の子供を持つ親も少なくない。

私はいまの小学生の現状をよく知っているわけではないが、運動会で順位をつけるのが差別的だという理由でイチバンもビリも決めないとか、背の高い子が有利になってしまうから玉入れは先生がカゴを背負って走るだとか、昔は出席番号は男からが普通だったがそれも女子に差別的だから五〇音順に男女バラバラになっているだとか、そんなことを伝え聞く。中には、「あだ名は禁止」なんていう小学校もあるという。

少々やりすぎな感はあるが、たしかに私が小学生の頃は差別がひどかった。

ほぼ先生の私的な感情で怒鳴られたり、殴られたりもした。遠足の前日、先生が「明日お茶を忘れないように」と言ったのに対し、私が「加藤茶！」と返しただけで、二〇発ぐらい往復ビンタをされたことがある。

学芸会で「浦島太郎」をみんなで演じることになったときには、「浦島太郎役をやりたい！」と私と友人が立候補したにもかかわらず無視され、けっきょく先生のお気に入りで顔もよく運動神経バツグンの男の子が浦島太郎役となった。

私たちふたりはコンブの役である。腹が立ったので、私たちは、竜宮城の「鯛やヒラメの舞い踊り」のシーンで勝手に舞台に飛び出し、その当時流行っていた「ウエディング・ベル」という三人組女性歌手の曲の替え歌をうたって笑いをかっさらってやった。あとで先生にこっぴどく怒られたのは言うまでもないが。

私なんかは先生に怒られても殴られてもこたえないタイプだったが、中には殻に閉じこもってしまう子もいた。

小学生というのは、勉強でも運動でも平均点以上なら敬われるが、平均点以下ならすぐからかいの対象となる。私なんて全教科平均点以下だったが、それを笑いにしていた。だが、そうできない人もいる。とくに女の子ならなおさらだ。

クラスにMちゃんという女の子がいた。

Mちゃんはいつも給食を食べるのが遅いので、掃除の時間に間に合わない。

当時、「給食を残す」のは悪いことだった。先生はMちゃんに容赦なく罵声《ばせい》を浴びせた。そして、まだ食べているMちゃんの机ごと教室の後方に移動させ、私たちに掃除をするよう命令するのだ。

教室の床は木製だったので、掃き掃除をすると教室中にホコリが舞う。ホコリまみれになった給食をMちゃんは泣きながら食べていた。それでも先生は、Mちゃんに給食を食べることを強要した。

小学生にとって、先生は「正義」だ。それに従わない子は「悪」だ。

クラスのひとりがMちゃんのことをからかい出し、「Mのせいで掃除が遅くなり、休み時間が短くなる！」と言い出した。休み時間が短くなることは、クラス全員の不満だった。小さな不満はどんどん大きくなり、怒りはMちゃんに向けられる。

Mちゃんはいつも泣きながら給食を食べていた。教室の隅っこに追い詰められ、陰口を叩かれ、食べたくもない給食を口にしていたMちゃんの心情は、耐えがたいものだったはずだ。

その様子を先生は見て見ぬふりをしていたし、私自身もみんなの批判を阻止する勇気はなかった。正義を振りかざすことをどこかカッコ悪いと思っていたのもたしかだ。

私とMちゃんは、母親同士が仲がよかったので、小さな頃から知り合いだった。

幼少期のMちゃんは明るく、活発な女の子だった。小顔でハーフっぽい顔をしていたので、大人からもかわいがられていた。

しかし、給食の件があってからは、Mちゃんの顔から笑顔が消えた。

Mちゃんに話しかける者はいない。みんなが遊んでいる休み時間、Mちゃんは食べ終えた食器を給食室へ持っていくと、あとは席にひとりでジッと座っていた。それが当たり前になると、みんなはMちゃんのことを空気みたいに扱った。

中学生になると、Mちゃんは不良の仲間入りをした。

教室で授業を受けることもなく、不良仲間と屋上でたばこをふかし、シンナーにも手を出した。

ある日、私が行きつけの銭湯へ行こうとすると、いきなり後ろから誰かに抱きつかれた。びっくりしてその手を振りほどくと、Mちゃんだった。

「なにしてるんや」

私が聞くと、Mちゃんは、「なにしてるんや！　なにしてるんや！」と笑いながら、また私に抱きついてきた。シンナーのにおいがした。

私は面倒になって、また銭湯へと歩き出そうとすると、背後からMちゃんの声がした。

「あんたは私の悪口言わんかったから……お礼や！」

泣きたい気持ちになった。

たしかに私はMちゃんの悪口は言わなかった。しかし、その場でみんなを制止しなかったのも事実だ。悪口は言わなかったとしても、それは正義心からではない。逃げていただけなのだ。

本当は、「ごめん、みんなを止められなくて」とMちゃんに言いたかったが、中学生特有の異性への照れもあり、私はMちゃんのほうを振り向きもせず、その場を立ち去った。

高校になると、Mちゃんは不良の間でマドンナ的な存在になっている、と風の噂で聞いた。

もともと美人で言葉少なめなMちゃんだ。モテるのも当然だろうと思った。

さらに時が経ち、同窓会でMちゃんに会った。

私たちは三〇歳になっていた。

Mちゃんはすごくイイ女になっていた。一度離婚をしたが、もうすぐ再婚して、アメリカに行くのだという。みんなうらやましがっていた。

もう、Mちゃんに会うことは二度とないような気がした。

けっきょくあの頃のことを謝ることもできなかった。Mちゃんからすれば、あんなイヤな思い出、もう忘れたいかもしれないと思ったからだ。

偽善者ぶるつもりはないが、いまでもMちゃんが教室で泣きながら給食を食べていた光景がふと頭をよぎることがあるし、そのたびにいたたまれない気持ちになる。

あのとき先生がMちゃんの心を少しでも覗いてあげていたら……、あるいは、あのとき私が勇気を持ってみんなを止めていたら……、Mちゃんは別の人生を歩んでいたのかもしれない。

いじめられて、不良になって、離婚も経験したMちゃんだったが、きっとこれからすごい幸せが待っているはずだし、そうなってほしいと願う。

Mちゃんにアメリカに飛び立つ前に、笑顔でこう叫んでほしいと思った。

「私は人と足並みなんて揃えへん！　だから幸せになるんや！」と。

カッチンの醤油

子供の頃、家の近くにお寿司屋さんがあった。

そこの店の男の子と私はよく遊んだ。いわゆる、「幼なじみ」というヤツだ。

私はその子を「カッチン」と呼んでいた。

カッチンはたいへんな親孝行で、店が忙しくなると遊びを中断して出前に行ったり、洗い物をしたりしていた。

ひとりっ子の彼は、男兄弟が四人もいる我が家をうらやましがった。私は、両親もいて好きなオモチャをたくさん持っているカッチンをうらやましがった。

当時はほぼ毎日遊んでいたし、ケンカをしたこともない。ウチの兄貴なんか、私がわがままを言うとすぐに怒ってゲンコツをお見舞いしてきたが、カッチンとはそんなことは一度もなかった。

広場でウルトラマンごっこをするときも、カッチンのは買ってもらったウルトラマンのソフトビニール人形、私の人形はといえば、母が醤油のビンでつくった怪獣である。カッチンは大笑いしながらも一緒に遊んでくれた（ほかの友達はバカにして遊んでくれなかった）。

寿司屋の息子らしく手先が器用で、原っぱにダンボールで秘密基地をつくってくれたこともあった。その秘密基地のデキがあまりにもいいので、そこで夕方まで眠ってしまったことがあるくらいだ。我が家の部屋よりも居心地がよかったのを覚えている。

そんなわけへだてなく遊んでくれるカッチンに、私は少しの劣等感を抱いていた。

夏場の暑い日にカッチンの店に行くと、店内にはクーラーが効いている。お酢や赤だし、魚の焼けるいい香り。カウンターには幸せそうな夫婦や私と同い年くらいの子供たちが、おいしそうに寿司なるものを食している。

「カッチンも毎日あんなものを食べているのか」

私は心の中で思ったが、幼心にもプライドがあり、カッチンには聞けなかった。

私の家は超貧乏だったため、寿司屋になんて行けるわけもなく、母に「カッチンの店に行きたい！」などと言おうものなら、「子供がお寿司なんて食べたら、腹に虫がわく！」

とわけのわからぬことを言われ、怒鳴られたものだ。

しかしそれでも、ほぼ毎日カッチンと遊ぶたびにお店に顔を出すので、みんなが食べている「お寿司」なるものが気になってしかたがない。

ついにその思いをカッチンに打ち明けると、親に話してくれたようで、ある日、開店前に親父さんが河童巻きを出してくれた。だが、出されたはよいが、食べ方がわからない。

モジモジしていると、カッチンは皿に並ぶ河童巻きに、カウンターに置いてある醤油の入った小さな壺から「ハケ」を取り出すと、サッと河童巻きに塗ってくれた。

味はもちろんのこと、食べ物に「ハケで醤油を塗る」という行為に衝撃を受けた。

初めて食べた河童巻きの味が忘れられず、いまでも、「好きな食べ物は？」と聞かれると迷わず、「寿司！」と答える私は、高校生になると、寿司屋でアルバイトを始めた。どうしても、腹いっぱいに寿司が食べたいという理由で。

そして驚いたことがある。

あの「ハケ醤油の壺」がないのである。大将に尋ねても、「そんなものはない」と言う。

大人になってからもいろんな寿司屋に行ったのだが、あの醬油の壺は見つからない。もしかしたらカッチンの店のオリジナルだったのかなと思い始めた矢先……あったのだ！ある寿司屋にあの「ハケ醬油の壺」が。

それは、何年か前にロケでお邪魔した店だった。入ってすぐカウンターに目をやると、あの「ハケ醬油の壺」が置いてあるではないか。私は狂喜し、ついついお寿司の話そっちのけで、ハケ醬油の話ばかり聞いてしまった。

その店の大将によると、昔は景気がよく、お客もひっきりなしだったので、寿司の醬油を出す時間もないため、このハケで客に塗ってもらうという店が多かったらしい。しかし、衛生上、嫌がる人もいるので、最近は見なくなったそうだ。

ロケが終わっても私だけその店に残り、懐かしさもあいまってたくさんお寿司を食べてしまった。

ハケ醬油の壺を見つけたことでカッチンのことを思い出し、久しぶりに電話してみることにした。

電話に出たカッチンはたいへんうれしがってくれた。

今度会おうと伝えると、いま入院中だと言う。病名を聞いても話をはぐらかす。とりあえずお見舞いに行くと言えば、少し間を置いてから病院名を教えてくれた。

後日、病院に行くと、痩せたカッチンがいた。

頭に毛がなかった。なんて言葉をかけていいかわからず、

「子供の頃、俺が持ってた怪獣の人形みたいやな」

と言うと、あの頃の笑顔でカッチンはケタケタと笑った。

昔話に花を咲かせたあと、また来ると伝えた。なにか欲しいものはあるか？　と聞くと、

「お前とよく一緒に見た、『超人バロム・1』が見たい」とのこと。

『超人バロム・1』とは、私たちが子供の頃、人気のあったヒーロー番組だ。小学生のふたりが合体し、ひとりのバロム・1に変身して、悪を倒すというストーリーである。

カッチンはこの『超人バロム・1』が、お気に入りだった。

私は承知して病院をあとにし、次の日にさっそく『超人バロム・1』のＤＶＤを買って、病室に送った。

二日後、カッチンからメールが入った。

「見た！　めっちゃおもろかったし、懐かしかった。また感想言うから、会いに来て」

その一週間後、カッチンは亡くなった。


いま思えば、カッチンは本当に兄弟がほしかったのだろう。だから数多くあるヒーローの中でも、『超人バロム・1』に憧れていたのではないか。

お寿司屋さんを営んでいたカッチンの両親は、朝早くから仕込みをして夜遅くまで働いていた。ひとりっ子だったカッチンが少し寂しかったとしてもいたしかたないことだ。だから、カッチンはふたりでひとりになる『超人バロム・1』になりたかったのかもしれない。そして、貧乏ながらも毎日ガヤガヤと兄弟ゲンカをしている我が家が、その目には楽しそうに映ったのかもしれない。

たまにひとりであのお寿司屋に行く。

河童巻きを注文してハケで醤油を塗ると、横で笑っていたカッチンを思い出す。

第三章

ひとこと言わせて

喫煙にも一利あり

ずいぶんと前から「禁煙ブーム」である。

私が子供の頃なんて、大人の男はほとんどがたばこを吸っていたし、映画館でも電車の中でも、はたまた病院の待合室ですら喫煙できた（いまでは信じられないが……）。

それが「禁煙ブーム」という名のもと、どこもかしこも禁煙となった。

公共の場の禁煙は、我ら「喫煙族」ですら大賛成なのだが、「ここも禁煙？」と思ってしまう場所もある。

高級寿司屋もそうだ。

いや、けっして「寿司屋でたばこを吸わせろ！」と言いたいのではない。カウンターで粋に寿司をつまむときに、煙やたばこの臭いが流れてくるのはイヤに決まっている。

我らもそれぐらいは承知しているので、たばこを吸いたくなれば、トボトボと店外に出て、設置された小さな灰皿の前で用を足す。

なのにである。

たまにカウンターで私のとなりに若いねーちゃんとおっさんのふたり組が座るのだが、このねーちゃんの香水がたまらなく「くさい」ときがあるのだ。

本人は「いい匂い」なんて思っているのかもしれないが、その強烈な臭いによって、こちらはせっかくの寿司の味が台なしである。

寿司屋のカウンターに「禁煙」と書くなら、そのとなりに「禁香」とも添えてほしい。

もうひとつ言いたい。

一〇円、二〇円と、たばこをちまちま値上げするのをやめてほしい。喫煙族にしてみれば、真綿で首を絞められる気分になる。

いっそのこと一箱一〇〇〇円にでもしてしまえばよいのではないかとも思う。そうなれば喫煙族も「高額納税者」として、もう少しみなさんにやさしくしてもらえるかもしれない。

「百害あって一利なし」

たばこのキャッチフレーズである。それを知ってなお喫煙する我らは、バカかもしれない。

いまや吉本のすべての劇場では、ロビーも楽屋も禁煙である。

必然的に「喫煙族」はロビーの隅の小さな喫煙所に群がることになる。そのため、これまであいさつ程度しか会話のなかった先輩や後輩たちともおのずと話し込むことになる。

お互い禁煙ブームによって「迫害」されている同士、妙な連帯感すら生まれてくる。おまけに、いつのまにか知らなかった方々の生い立ちや人生観なども見えてきて、すごくためにもなっている。

「百害あって一利なし」

だが、たばこもほんの少しだがコミュニケーションの一利になっている、と思うのは私だけであろうか。

銭湯のルール

ときどき銭湯に出かける。いま流行りの「スーパー銭湯」なんてシャレたものではなく、いわゆる昔ながらの銭湯だ。

子供の頃は家に風呂がなかったため、銭湯に通っていた。湯船につかるといまでもその思い出がよぎる。

銭湯には怖いおっちゃんがかならずいて、よく怒られたものだ。

「タオルを湯船の中につけるな！」

「水を出しっぱなしにするな！」

銭湯には銭湯のルールがあり、それを守らないと、おっちゃんのゲンコツが飛んだものだ。

中年になって思うのだが、子供のうちは少々窮屈でも自由などないほうがいいのではないか？

うちは母子家庭で貧乏だったため、不自由ばかりだった。

母が我が家のルールを決めるものだから、私の好きな納豆やキムチは食べさせてもらえなかったし、コーラは「骨が溶ける」という理由で飲ませてもらえなかった。そんなわけないのだが、貧乏な家庭にとっては都合のいい風説だったのだろう。

大人になれば、自由になれるはず。早く大人になりたかった。

しかし、なんてことはない。大人になっても不自由のオンパレードだ。

だから私は、子供時代に「不自由」を経験しておいてよかったと思う。


最近、親の虐待のせいで子供が傷ついたり、亡くなったりしている。

虐待する親はだいたいが二〇歳前後。もしかしたら、子供の頃に「自由」が身についてしまい、いざ自分が親になったときに、その「不自由」がガマンできなかったのかもしれない。

そんなことを考えながら、銭湯の湯船につかっていた。

子供がいきなり飛び込んできて、私の顔にお湯がザバーッとかかった。

「騒ぐな、ガキ！」と怒ってやろうかと思った。
……が、勇気が出なくて、おとなしく湯船から上がった。
あの頃の怖いおっちゃんが懐かしい。

裁判傍聴のすすめ

近頃ハマっていることがある。

それは、「裁判傍聴」。

前々から興味はあったが、先日、テレビ番組の収録で裁判の中身についての回があり、勉強のために休みを利用してスタッフと裁判所へ行ってきたのだ。

この仕事をしていると、いろいろな職種の方々と知り合いになるが、裁判傍聴の経験を聞くと、ほとんどの人が「ない」と答える。私自身も「裁判所に行く」ということが、どうもハードルが高い行為のような気がして、二の足を踏んでいた。

しかし、いざ出向いてみると、あまりにあっさりと傍聴できたのでビックリした。

簡単に説明してみよう。

まず裁判所に入る。ロビーのどこかに当日の裁判の事件名、それから被告の氏名などが書いてあるファイルが置いてある。それをペラペラめくり、興味がある事件をチェックして、その裁判が行われている部屋に入る。免許証の提示やなにかに記入する必要もない。

傍聴席では、脱帽して、携帯電話の電源を切り、私語を慎む。これさえ守ればいいだけだ。


私たちが傍聴した裁判は、最近よくニュースなどで耳にする「リベンジポルノ」。元交際相手の女性の寝ている裸体写真を撮り、ふられた腹いせに「街中にばらまく」と脅迫した男の裁判だった。

詳しくは書けないが、気の毒だったのは証言台に立った被告の両親だ。

父親は頭をたれる被告をじっと見つめ、母親は目頭にハンカチを当てながら、「親思いのいい息子です」と裁判長に訴えた。

検察官の「なぜ無断で撮影したのか」との質問に、被告はか細い声で答えた。

「ひとりでするためです……」

ヘンな空気が一瞬にして室内を凍りつかせた。

両親の前でこんな恥ずかしい発言をしなければならないのは、かなりの苦痛だ。

次に、私と同世代の覚醒剤常習者の裁判を見た。

これまた母親が証言台に立っていた。

「逮捕は四度目。お母さんはどうすればいいと思われますか」という検察官の問いに、

「逆に私が聞きたいですわ！　このアホはどうすればいいですか」との質問返し。

これには裁判長も苦笑いだった。

中高生の子供さんをお持ちの方々に、親子で裁判傍聴に行くことをおすすめする。

早いうちに経験した裁判のリアリティや緊張感は強烈に記憶に残り、犯罪の抑止力となるはずだ。

さんざんなバカンス

七月、八月とたいへん忙しかったので、生意気にも「休暇」をいただいた。

九月の半ばに五日間。

毎年恒例、男友達と沖縄に行っているので、彼らに連絡すると、二泊三日しか休みが取れないとのこと。悩んだ末、後ろの二泊は私だけひとりで離島に行って過ごそうと決めた。

男三人でワイワイ騒いだ楽しい三日間が過ぎ、那覇空港で友達を見送った私は、宮古島行きの乗り場へ。

待合室を見回すと、シーズンオフのせいか人影もまばらで、顔ぶれもサラリーマン風の人が多い。「これは向こうでゆっくりとできる」とワクワクしてきた。

宮古島に到着し、タクシーでホテルへ。

予約したのはオーシャンビューのきれいなホテル。「海を眺めながら本を読む！」という大人の休暇に憧れていたからだ。

ホテルに着き、一息ついたら、急に腹が減ってきた。よくよく考えれば、昼飯を食べていない。

時計の針はもう夕方五時半を指している。フロントに聞くと、ホテルでの食事以外はかなり遠出しなければならないとのこと。食事がしたいと伝えると、夜九時までは予約でいっぱいだという。私の乗った飛行機の、ひとつ前の便でみんな到着したらしい。

しかたなく売店でカップ麺を買って食べると、今度は眠気が……。

ようやく夕食の時間になり、フロントからの電話で起こされて、食事会場へ。

立派なステーキハウスのど真ん中の席に案内された。周りはカップルばかり。たぶん私のことなど誰も気にもとめていないはずだが、なぜか見られている気がする。

「二時間制です」

店員に言われて、「誰がひとりで二時間もおるねん」と心の中でツッコミながら足早にお店をあとに……。

テラスで本を読もうとしたら、急に大粒の雨が降り、強風まで吹きはじめたので、あわてて部屋へ。そこでゆっくりと本を広げると、湊かなえさんの本のつもりが、間違えて武田鉄矢さんの自伝を持ってきてしまっていた。

　あとはフテ寝するしかなかった。


　次の日はおかげさまの晴天。

　意気揚々とビーチに繰り出すが、またカップルばかり。ひとりで来ている男は、私か監視員しかいない。しかも、近くでシートを広げていたカップルが違う場所へと移動しやがる。どうやらビーチの置き引き犯だと思われたようだ。

　決めた。

　次のひとり旅は、夏の離島は避け、冬に北へと向かおう。それが私にはお似合いだ。

偉人の言葉

最近、日本経済を支えた偉人の方々の本をよく読む。

松下幸之助さんだとか本田宗一郎さんの本だとか……。偉業を成し遂げた人々のヒストリーを読んでいると、自分の不甲斐なさに気づき、それがまた気持ちよいのである。

バカな弟が唯一誇れる「デキのいい兄」を自慢するがごとく、日本という国を経済大国に押し上げてくれた偉人が「同じ日本人」であることの感動と優越感に浸れるからである（私はなにひとつその偉業に関係していないのであるが……）。


そんな中、京セラの創業者、稲盛和夫さんの『生き方』という本を読んだ。十数年前の本らしいが、いまだに売れていると耳にして、興味を持ったのだ。

この本には、「こうすれば成功する！」や、「こうすれば幸せになれる！」なんて言葉は出てこない。会社を大きくする過程や苦労はつづられているが、基本は「人としての生き方」について書かれた本である。

「人としての生き方」なんてうさんくさい宗教家の説法のように聞こえるが、そうではない。「より潤滑な人間関係を築いていくため」の方法を説いた本なのである。

私ごときが本の内容を語っても説得力がないので詳しくは書かないが、こういう本こそ、我々の世代が読むべきだと思った。

私が学生時代、世の中は「バブル」に狂っていた。お金の価値があってないような時代だった。が、数年でバブルははじけ、リーマン・ショックも起きて、「借金大国日本」になってしまった。

みんな、お金に嘆いている。お金を追っかけ、お金に困り、お金で悩んでいる。


かくいう私も人生の半分以上はお金に悩まされた。

ご高齢の方々にお金の相談をすると、「まだまだ若い！　これからだ！」なんて励まされたりもする。そうかもしれない、まだまだかもしれない。

だが、お金に振り回される人生はもうごめんだ。

人間、最後には「どれだけ儲けた！」ではなく、「どう生きたか！」のほうが大事なのだと、稲盛さんの本で気づかされたのである。

企業家でもなく偉人にもなれない私がそんなことに気づくためには、「偉業を成し遂げた人」の言葉に耳を傾けるしかないのである。

少し硬い文章を書いてしまったので、いまから古本屋に行って、エロ本でも買ってこよう……。

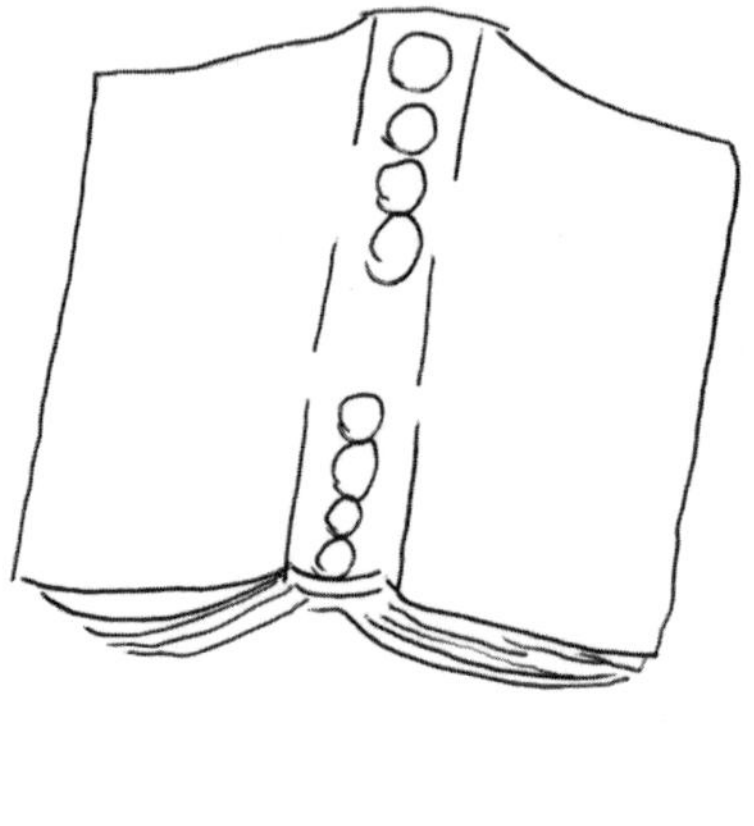

お金にルーズな人の共通点

お金にルーズな人はどの世界にもいる。

芸人になる前、板前修業していたときの同居人もルーズだった。

週末になると、競馬新聞を広げてウンウン唸《うな》っては毎回負けて、月曜に一万円、二万円と無心にくる。数千円ずつ細かく返してきては、また無心。そうなると、いったいいくら貸したかもわからなくなる。いまだに全額返してもらっていないのではないか。

私自身、芸人になりたての頃、いろんな方にお金を借りた。

難波にある相合橋筋商店街の餅屋のおばさんや、客引きのおっさんにも借りた。

はじめて会った先輩にも、あいさつもそこそこに、

「すいません、僕、お金ないんで貸してください！」

と懇願した。

たいがいの方は気持ち悪がったが、中にはおもしろがって貸してくれる方もいた。笑

福亭鶴瓶師匠、月亭八方師匠、そしてハイヒールのモモコさんだ。いまも仕事でお世話になっている先輩方だが、笑って共演できるのも、借りたお金はかならず期限までに返していたからにほかならない。

おかげさまで、いまでは私が後輩に「お金、貸してください！」と言われる立場になった。もちろん大きな金額ではないが、そういうときはほとんど貸すことにしている。

すると、期日までにキッチリ返してくる者と、そうでない者とではっきりと分かれる。返してくる人は、心のどこかで「お金を借りていることは恥ずかしい」とわかっている。

しかし、返さない人は、そうは思わないのだ。

そういう人は、まるで借金をしていないかのように振る舞う。ズボンのチャックが全開でも全然気にしないオヤジと同じである。たまに会ったときに「返せ」と言うと、「金持ってますやん」なんてふざけた返しをする。おまけに、お金がないくせに平気でたばこを吸っていたりする。

借金を恥ずかしいと思わない人には共通点があることに気づいた。
まず、連絡が遅い。
メールでも電話でもＬＩＮＥでも、返しが異様に遅い。これは緊張感がない証拠だ。
プライドも高い。
「俺はでっかい金をかならず手に入れる！」
などと、まったく根拠のない自信を持っている。
そして、服装がだらしない。
人のお金ばかりアテにしてるヤツは、自分自身を振り返らないからだろうか。
以上の点に当てはまる人とは、なるべく付き合わないほうが無難だ。
そう書く私も、この原稿を一日待ってもらった事実を正直に記す。

困る人と困らない人

私の幼なじみに、金持ちがいる。

けっして「ボンボンの二代目」ではなく、ごくごく普通の家庭で育って普通に就職した彼だが、どうしても自分で企業を起こしたくなり、紆余曲折《うよきょくせつ》の末に社長になった。そして金持ちになったのだ。

私も、現在はお金に困っているわけではない。だが、「困っているわけではない」と「困らない」とでは全然違う。私のような「お金に困っているわけではない」人は、いつかは「お金に困る」可能性が多分にあるからだ。

外食の際、私はメニューやお品書きが店の前に出ている店を選ぶ。

しかし、彼のような「お金に困らない」人はメニューなどいっさい見ない。そして、食べたいメニューをかならず人数分、注文する。フグ鍋でも、クエ鍋でも、すき焼きで

も……。私のように「みんなでつつこうや！」と言いつつ、じつは人数分より少なめに
注文してやろうというセコい発想は、みじんもないのである。

そんな彼と食事に行くと、かならず私に、

「お前はエエなぁ～。好きなことしゃべって金もらって……」

と言う。どうやら彼の目には、私がテレビや舞台でなにも考えずに好きなことを発言
していると映っているようだ。

「なんやねん！　お前もアホみたいに金持ちやがって！」

私も低能なツッコミを返す。いつも、彼とはそんなたわいもない話になる。

先日も彼が食事の席で、

「俺なあ、めっちゃ税金払っててんねんで～。もう少し国から礼ぐらい言うてほしいわ」

と苦言を呈してきた。

私は心の中で、「もっと払わんかい！」と思いつつ、ここの支払いは彼なので、

「そうやな、高額納税者はＪＲとかＪＡＬとか税金で会社立て直したとこから無料の国
内旅行チケットとかもらえたらええのになぁ～」

と冗談半分で答えた。

すると、彼はいたく感心し、

「それはええ考えや！　地方を旅行すれば、その土地にもお金落ちるしな。さっそく知り合いの政治家に提案してみるわ」

と息巻いた。

この単純さと行動力があるから、彼は「お金に困らない」人間になれたのだろう。

私はすぐさま彼に、

「よし！　また打ち合わせがてら食事会をしよう！」

と言い、目の前の料理にお箸をつけた。そして、また今度もごちそうになれる……と心の中でほくそ笑むのである。

いつまでたっても私は、「お金に困る可能性がある」人間だ。

お金持ちになる秘訣

年末はなにかと金がかかる。

私は根っからの貧乏性なので、この時期になると不安になる。

子供の頃、母親が年末になるたびに、「今年は無事、年を越せるやろか」とため息をつきながらつぶやいた姿を思い出すからだ。「ウチだけ正月が来なければどうしよう」と子供心に本気で悩んだりした。あのときのトラウマがいまだに解消されていないのだ。

友人のTくんは、私とは逆に金持ち性だ。

長い付き合いの中で「金に困っている」などと聞いたことがないし、いつも財布に何十万円も入れている。けっして裕福な育ちではなく、一代で築いた財産なのだから尊敬する。

Tくんに聞いたことがある。

「どうすれば大金持ちになれるか？」

するとと彼はこう答えた。

「金を心から好きになること」

「いや、俺も金は好きやで」と私が反論すると、

「お前は金が好きなのではなく、貧乏がイヤなだけだ。女好きが女のケツを追っかけているのと、嫁を大事にするのは違うやろ？」

ようは、苦労して手に入れたものをずっと愛しつづけることが大事らしい。

彼はポイントカードの類いをいっさい持たない。理由を聞くと、

「大金は小銭を嫌うから」

だと言う。

そんなことがあるのだろうか。

すると、Tくんはこんな喩《たと》えを持ち出してきた。

嫁さんがいるのに、愛人を家の中に入れるわけにはいかない。そんなことをすれば、嫁さんは怒って家から出て行ってしまう。それよりも、嫁さんの友人を大事にして、家にも来てもらったほうがいい……とのこと。

つまり、家が財布だとして、嫁さんとその友人は大金、愛人はポイントカードや小銭だというわけだ。

ニクたらしいやつである。

私などは、買い物に行ってポイントカードを忘れたら、次の日にレシートを店に持参してまでポイントをもらうのに……。

しかし、彼は金持ちだ。彼を真似れば、私も金持ちになれるかもしれない。

試しに私は、財布からポイントカードを抜き出して、ゴミ箱に捨ててみた。

「女好きを卒業して、本妻を大事にしよう！」

そう決断したのだ。

……まてよ、ホンマもんの嫁がいないのに、ポイントカードを愛人に見立てる俺はなんやねん！

そう思ったら急に寂しくなり、ポイントカードを財布に入れ直した。

私の貧乏性は一生直らないだろう。

合わない人を避ける方法

新しい年が明けました。おめでとうございます。

さて、今年の私の抱負を発表します。

「合わない人は避けて生きよう」

いきなりのネガティブ発言ですが、意外にこのことで悩んでいる人は多いのではないでしょうか。

人間生きていれば、かならず人と交わらなければならないものです。

私なんかは元来はっきりモノを言う人間なので、そこまで人間関係がこじれたことはありません（相手がどう思ってるのかは知りませんが……）。それでも「合わない人」はいるものです。

こちらが合わないと思っていても、かまわずガンガン話しかけてくる。そんな人が周りにいないでしょうか？

合わない人をどう避けるか。

私はひとつの作戦を生み出しました。

それは、「薄い壁をつくる」というやり方です。

厚い壁、つまりは「無視する」だとか「陰口をたたく」などの方法では、相手も敵意をむき出しにしてきます。実際、私はこれでよく揉めたものです。

では、「薄い壁」とはどのようなものか？

まず、話をするときは絶対に目をそらさない。すると相手はこちらに敵意がないと思い、どんどん話しかけてくるでしょう。

ここでのポイントは、「こちらから質問はしない」ことです。

キャッチボールでも、ずっと投げさせていると、相手は当然疲れてきます。

こちらからの質問は、相手にとってはピッチャー交代となり、体力を取り戻してしまいます。すると永久に言葉のラリーが続いてしまいます。そうならないためにも、相手が疲れるまで言葉を一方的に投げさせます。

あとは、「笑顔を絶やさない」こと。

そんなことをすれば相手が調子づいてくるのでは？　と考える人もいるでしょう。しかし、経験上、喜怒哀楽のうちひとつの側面しか出さない人と話すと、人間、調子が狂ってきます。だから相手は早々に話を切り上げるはずです。

最後に、「かならず敬語で話す」こと。

敬語で話されると、相手は微妙ながら「打ち解けてない感」を感じるはずです。それでいて、あなたは敵意を持たれず、適当に距離を保てるというわけです。

世知辛い世の中、今年はより人間関係で悩まぬよう実践してみてはいかがでしょうか。

なお、苦情は受け付けますが、私は敬語でお答えします。しかもとびっきりの笑顔で……。

今年もよろしくお願い申し上げます。

大阪人のプライド　PART1

小さな島国の日本ではあるが、都道府県によって文化や言葉が違うのはおもしろい。日本は大政奉還により近代日本へと変化していったのだが、それ以前は封建社会であり、江戸幕府のもと、「藩」という単位をそれぞれの藩主が治めてきた。つまり、現在の都道府県は、かつてはそれぞれが「藩」という国であった。

当時は「お国違えば」で、いろいろなものが違っていたのだろう。ただ、大政奉還から一五〇年あまり。それほどの時を経ても、いまだに言葉や文化の違いを残しているのはすごいと思う。

中でもやはり比較されることが多いのは、東京と大阪だ。

テレビ番組などでも「東京vs大阪」みたいな企画はよく見るし、実際、そういう番組の収録に呼ばれることもある。

そこで東京のタレントさんに、

「大阪側が勝手に東京を意識しているだけで、東京側はとくになにも意識していない」なんて言われると、とても腹が立つ。こちらが必死になっているだけ、と軽くいなされた感じがするからだ。

もちろん同じ都会ではあっても、人口も、経済も、東京と大阪が比べモンにならないことは数字ではっきりしている。

ただ、これが全国三位なら大阪人も文句を言わなかったかもしれない。いかんせん「万年二位」というところに、東京に対抗意識を燃え上がらせる理由があるのかもしれない。

たとえば、私はいま現在、名古屋のテレビ局にレギュラー出演させてもらっているのだが、名古屋の若い女の子は「名古屋弁」を使わないらしい。みんな標準語を使うというのだ。

名古屋からは、距離だけでいえば東京より大阪のほうが近いのだが、番組スタッフもみな、心理的に「名古屋は東京寄り」だと言う。

大阪よりも東京のほうが親近感を持ちやすい、ということもあるだろう。大阪は言葉が特殊すぎるのかもしれない。

私自身、地方の言葉には興味がある。

仕事上、いろいろな地方の方と話をするのだが、方言は語尾が異なるというケースが多い。たとえば、言葉のお尻に「だらー」とか「けん！」といったものがついたりする（あくまでこれはごく一部の例だが）。

大阪弁や関西弁でも、語尾に「や！」とか「やん！」がつく（大阪弁も厳密に言えば、泉州弁や河内弁、船場弁などの違いがあるのだが、ややこしいので、ここではひとまとめにします）。

大阪人は、基本的にほかの地方の人たちに対して友好的でウェルカムなのだが、「大阪弁を無理して使うほかの地方の人」については嫌う傾向がある。

知り合いの役者さんも大阪弁は難しいと言っていた。ドラマなんかで下手な大阪弁を使おうものなら、すぐに苦情の電話が入るらしい。たしかに気の毒なことだが、違和感のある大阪弁を聞かされれば、その俳優さん自身も嫌いになってしまう。

なぜ下手な大阪弁に違和感をもつか？

これには、大阪弁（関西弁）だけが持つ特徴が関係している。

たとえば、私の名前は「黒田」だ。

関西以外では、「く→」「ろ→」と「だ→」は同じリズムだ。一本の直線のように発音する。このことは、北は北海道から南は沖縄まで一緒である。

しかし、関西だけが異なる。斜めに降りていき、「く↘」「ろ↘」「だ↓」と下がる。たいていこの部分で大阪人かそうでないかがわかる。

ほとんどの場合、語尾が下がるのが、大阪弁なのだ。

大阪人は大阪弁に誇りを持っているので、バカにされると怒り出す人も少なくない。

また、たとえ東京に転勤になっても、大阪弁で貫きとおす人も多い。

東京の人からすれば、「意固地な!」と思うかもしれない。だが、もし大阪人が東京に行って東京弁を使っていることがバレようものなら、大阪に帰ってきたとき、

「なに、ええカッコしとんねん! アホか!」

と、仲間からつまはじきにされてしまうのみならず、親、兄弟にまで気持ち悪がられるのだ。

みな、大阪弁に誇りを持っているのはたしかだ。

あと、大阪人が東京に転勤になっていちばん困るのが、「食べ物」である。

私自身、東京に来て、コンビニのおでんで「ちくわぶ」なるものを初めて見たとき、『激落ちくん』（掃除で使うメラミンスポンジ）が浮いている！」と思ったくらいだ。しかも実際に食べてみると、うまくない。そもそも味もない。

「豚まん」を「肉まん」と呼び、「からしも、ちょうだい」といえば、首をかしげられた。大阪では「豚まん＝からし」である。だが、その文化はないらしい。

中華料理の天津飯を頼んだら、酢豚のソースみたいなものがかかっていた。

「これ、酢豚のソースちゃいます？」

と店の人に聞けば、東京では、天津飯にはみなこれをかけると言う。

これには心底驚いた。

大阪で天津飯といえば、鶏ガラベースの醤油味が当たり前なのだが……。

そして、「お好み焼き」である。

ほかの食べ物ならいざしらず、大阪人である以上、ことお好み焼きの話となれば、黙ってはいられない――。（長くなりそうなので、次回につづく）

大阪人のプライド　ＰＡＲＴ２

私が子供の頃、お好み焼きとご飯、そして味噌汁をつけた「お好み焼き定食」は、定番のメニューだった。

だが、東京の人は言う。

「お好み焼きとご飯は合わない！」と。

お好み焼き屋やたこ焼き屋、関西風うどん屋などが大都会・東京の渋谷や新宿といった繁華街に数多く出店している昨今だが、それでもいまだ「お好み焼き定食」は、東京には存在しないらしい。

私なりに理由を考えてみた。

東京のお好み焼き屋のターゲットは、若い女性である。

新宿や渋谷、六本木にあるお好み焼き屋に入ると、そこにはオシャレな女性たち。たまに男性がいたとしても、やっぱりその向かいにはすました女性が。しかもグラスに赤ワイン。きれいに磨き上げられた鉄板には、まるでイタリアンの逸品のように、三口で食べられそうなお好み焼きっぽいなにか。かつお節の代わりに置かれているのは、緑色の葉っぱ（名前は知らない）。店員さんも超がつくほどのイケメンだ。豚玉の値段は、一枚一五〇〇円……。

これは、「お好み焼き」ではない。

我らが知るお好み焼きは、もっと下品なものでなければならない。

店に入ると腰が九〇度ほどに曲がったおばあさんと、その息子（または娘）。鉄板は黒く焼け焦げ、テーブルの脚は曲がっている。コップには、ミネラルウォーターなんてあるわけもなく、ただの水道水が注がれている。本棚には数年前の少年誌。ページもソースでくっついてしまい、剝がれない。オーダーは「豚玉」で決まり。イカやエビは論外。ミックス玉なんて頼もうものなら、

「なんや、銀行強盗でもしてきたんか！」

と、鉄板と目の高さが少ししか違わないばあさんが、笑いながらからかってくる。鉄板の温度を手で直接触ってたしかめる、というツワモノのおばちゃんもいたりする。

これが大阪のお好み焼き屋である。

大阪でお好み焼きを一緒に食べるとなると、そこにはかなりの信頼関係がなければならない。

大阪人はわりばしなんてものは使わず、コテのままお好み焼きを食べる。食べてる間はあまりしゃべらない。

お好み焼きをコテでがっついて食べている姿は、あまり見てくれのいいものではない。だから、学生時代には女の子とお好み焼きを一緒に食べた記憶がない。かならず男友達と連れだって食べにいったものだ。

大阪のお好み焼きは、貧乏人が唯一、外食している実感に触れられる食べ物でもある。なので、まさかお好み焼き屋をデートの食事場に使う文化があるとは思わなかった。

近所に有名なお好み焼き屋があった。

なぜ「有名」かといえば、理由はふたつある。

まずひとつは、コストパフォーマンスだ。

めちゃくちゃ大きいのである。豚玉大なんて頼むと、四人がけの鉄板のテーブルの半分が埋まってしまう。なので、たとえ四人で来店しても、ふたりずつに分かれなければならない。それでいて、安い。豚玉ひとつ四八〇円、大ならプラス一〇〇円だ。夜中の一時ぐらいまでやっていたので、いつも学生たちでいっぱいだった。腹をすかした若者たちの味方だったのである。

もうひとつの名物は、母娘ふたりで店を切り盛りしていたのだが、このふたりのケンカである。

お好みが焼きあがると、

「はよ！　ソース塗って！」とお母さんが怒鳴る。

「いまこっちやってるから、あんたが塗って！」と娘が言い返す。

「文句ばっかり言うて！　はよ塗ってや！」とお母さん。

「あんたが塗ったほうが早い！　ってゆっとるんや！」

そう言って、ソースの缶を無造作に投げる娘。

お母さんの顔に少量のソースがかかる。

「親の顔にソースかけてなんやの！」

今度はお母さんがかつお節を投げ返す。

こんな調子で母娘が常に罵倒《ばとう》しあっているのだ。そうこうしているうちにお好み焼きが焦げたこともあった。逆に、ナマ焼けだったこともある。

それでも質より量の学生たちはこぞってその店に通ったし、たっぷりと塗られた特製のソースもおいしかった。母娘のケンカはもはやショーと化していたので、それも楽しみのひとつだった。

この話、まだまだつづく。

大阪人のプライド　PART3

大阪と東京は、昔から比べられてきた。

たとえば、立ち食い○○と言えば、大阪では「うどん」だが、東京では「そば」だ。

ネギといえば、大阪では「青ネギ」だが、東京では「白ネギ」。エースコックといえば、大阪人は「ワンタンメン！」と答えるが、東京人は「スーパーカップ」と答える。

たかが新幹線で二時間半の距離なのに、いまだに大阪と東京で、違いを探せばキリがないのだ。

ただ、中でも、決定的な違いは物価だと思う。

お金さえあれば、東京ほど楽しい場所はない。料理も遊びもファッションも時代の最先端だ。料理だって美味い。知り合いの寿司屋に聞いたが、やはり全国のいい食材はかなりの確率で東京の築地に流れるそうだ。だから、美味さでも敵わない。

しかし、「べらぼうに高い」のである。

家賃だって高い。東京の中心街のマンションなんてワンルームでも、月数十万円もする。「それぐらいの金額なら大丈夫！」というお金持ちならいざしらず、金もないのに東京に住むとしたら、悲惨である。

その点、大阪は金がなくてもなんとか暮らしていける。

大阪には、貧乏を恥じない強さもあるように感じる。

ロケなんかをすると一目瞭然だ。

東京で「財布の中身を見せてください」なんてロケをしようものならほとんど拒否されてしまい、異様に収録時間がかかってしまう。

その点、大阪でのロケなら、頼んでもいないのにカメラに近づいてきて、勝手に財布の中身を見せてくれるおばちゃん多数である。おまけにアメまでくれたりして、それもタレントだけでなく、スタッフにまで配りはじめかねない。

聞くところによると、東京では人に無関係なほうが快適に過ごせるらしい。

一方、大阪は、人への関心がすごい。

喫茶店で大阪のおばちゃんグループと出くわすと、さっき仕入れたばかりの芸能ニュースを、まるで自分が取材してきたように話している。そして最後は、「知らんけどー」と言って責任転嫁をする。

それに飽きると、今度はご近所さんの悪口に移行する。さんざん悪口を言っておいて、「根は悪い人やないねんけどー」とフォローを入れる。これは、グループから裏切り者が出て、万が一、悪口が本人に伝わったときの予防策になる。すでにコーヒー一杯で二、三時間は過ごしている。最後は、

「あ、もうこんな時間や。うちのおっさん帰ってきよる」

と、旦那をおっさん呼ばわりし、それをキッカケに今度はそれぞれの旦那の不平不満を口にしてさらに一時間――。

これが大阪の喫茶店の姿である。

しかし、東京のど真ん中の喫茶店では、こうはいかない。

一度、あるタレントと六本木の喫茶店ならぬカフェに入ったのだが、私が大阪の喫茶店の感覚で話していると、

「そんな大声で話さないでください！」

と、そのタレントに怒られた。

「喫茶店で話さんかったら、なにしたらええねん」と答えると、

「喫茶店じゃないです。ここはカフェです」と小声で言う。

「喫茶店もカフェも一緒やろ！」

「いや、みんなを見てください。そんなに話してないでしょう？」

周囲を見回すと、たしかにみんなあまりしゃべっていない。

「なんじゃや！　お見合いでもやっとるんか」と言うと、こう馬鹿にされた。

「六本木のカフェはだいたいどこもこんな感じです」


大阪人の私からすれば、東京人はみんな肩に力を入れて生きてるような気がする。

すべてがオシャレなのだ。東京人は、「外食はオシャレに！」という概念に基づき、「お好み焼きとご飯」の組み合わせを拒否しているのかもしれない。

「あの人、お好み焼きとご飯を食べてる～!!」

なんて白い目で見られたらどうしよう、なんて思ってるのかもしれない。

お好み焼きなんてエエカッコして食べるもんではない！　と大阪人としては思っているところからして、違っているのだろう。

そんなことを若い女の子のスタッフに話すと、

「私、大阪人やけど、お好み焼きとご飯は一緒に食べませんよ」

と言われた。

ほかの若い女の子も、口を揃えて「食べない」と言う。

いまの若い子は、たとえ大阪生まれだとしても、お好み焼きとご飯は一緒に食べないらしい。

理由は単純だ。

「太るから」

しかし、そんなことでは立派な「大阪のおばちゃん」にはなれないではないか。あのずんぐりむっくりの体形は、炭水化物プラス炭水化物を食べてきた証だ！

そう言うと、

「大阪のおばちゃんなんて、なりたないです！」と睨まれた。

由々しき事態である。年をとれば、「大阪の女の子」が「大阪のおばちゃん」になるのはいたしかたないことであるし、大阪文化のひとつであるとすら思うのだが、彼女らはそれを否定するのである。

しかし最近では、大阪においても、いろいろなものが東京ナイズされてきているのもたしかだ。

難波の街にはマルイやビッグカメラが、梅田の街にはヨドバシカメラがそびえ立つ。すべて「メイド・イン・東京」である。

オシャレなお好み焼き屋もちらほらと目につくようになった。

あと何年かすれば、「大阪のおばちゃん」だって見かけなくなってしまうかもしれない。五〇歳を過ぎた熟女たちは、大阪弁を捨て、標準語を話しながら、梅田や難波の街をスレンダーな姿で闊歩《かっぽ》するかもしれない。そう思うと、少し寂しい。

大阪の街には、ガサツに大笑いする「大阪のおばちゃん」がよく似合う。

大阪と東京。

ここはやはりお互いの文化の違いを楽しむべきだろう。

そのためにも、我らの文化の象徴である「大阪のおばちゃん」を大事にしなければならない。将来、そんな「大阪のおばちゃん」を大量生産するため、「お好み焼き」と「ご飯」の組み合わせもぜひ若い子に広がってほしい……。

だが、もはや時代の流れがそうはさせてくれないのかもしれない。

「お好み焼きとご飯を一緒に食べる」

と言えば、大阪ですら笑われてしまう日が、もうそこまできている。

大阪は大阪らしくあってほしいと切に願う私である。

おばちゃんvsゾンビ

ハロウィンの盛り上がりがすごい。大阪のアメリカ村という場所などでは、仮装した若者が路上で狂喜乱舞している。

ほんの数年前までは、ハロウィンなんてアメリカドラマでしか見たことがなかったが、いまやクリスマスやバレンタインデーをしのぐ盛り上がりらしい。

理由は至極簡単で、ハロウィンの場合、「恋人や思いを寄せる人がいなくてもいい」からだ。

これがクリスマスなら、女の子同士で集まって、「来年こそは彼氏が……」なんて愚痴りながらコソコソしなければいけないし、バレンタインデーでは相手にプレゼントを渡すので、自分にメリットはない。その点、ハロウィンは、女同士や男同士、カップルでも友達同士でもなんでもござれである。しかも子供までもが参加できる（そもそも子供のためのイベントなのだが……）。

そしてハロウィンといえば、「仮装」だ。

知り合いの女性がハロウィンに仮装していくというので、

「女なんか普段から化粧してるんやから、毎日が仮装ちゃうん？」

と言ったら、怒られた。

化粧と仮装は全然違うらしい。今年はみんなで「ゾンビ」になるらしく、

「みんな普段からゾンビみたいやん」

と言うと、また怒られた。

仮装をする理由を聞くと、自分以外の自分になることでストレスを発散できるから、と言う。さらにそれだけでなく、「みんなに見られる」ことでキレイにもなれるらしい。

実際、その人たちがキレイかどうかはわからないが（また怒られるかもしれない……）、たしかに彼女たちは明るい。明るいことがキレイにつながるという理屈なら、納得できる。

考えてみれば、私よりもずいぶんと年上の新喜劇の女優さんたちも明るいし、年齢よりも若く見える。仮装することで明るく、若くなれるなら、それはけっこうなことだ。

そこでひとつイベントを考えた。

パンチパーマに似た髪形をした大阪のおばちゃんをよく見かける。この大阪のおばちゃんたち限定のハロウィンをやったら、おばちゃんたちもキレイになるかも、と思ったのだ。

しかし、即座に却下された。

「大阪のおばちゃんが団体で仮装したら、恐ろしすぎる」と。

ならば、「仮装した大阪のおばちゃんがＵＳＪのゾンビと闘う」という企画はどうだろう。

第四章　まだまだ修業中

脚本を書く理由

謹賀新年。

私は年に一、二回お芝居の脚本を書いていて、最近も一月六〜八日に劇場を押さえていた。

芝居づくりは脚本だけでない。キャスティングほかさまざまな作業もある。なので、昨年九月頃から準備にかかり、話のイメージにはまったタレントさんに出演オッケーもいただき、ひと安心していた。

ところが一二月半ばになり、そのタレントさんから諸事情により出演できないとの連絡が。あわてて代演者を探すも、年末年始にスケジュールが空いている人など、見つかるはずはない。困ったあげく、劇団の作家さんや吉本の後輩たちに協力してもらい、脚本もすべて書き直すことになった。

おかげで、正月休みも返上。公演は無事に終えたが、会う人会う人に「げっそりしてる」と言われてしまった。

まあ、好きでやっていることなのでいたしかたない。

そもそも、なぜ脚本なんかと思われる方もいるだろう。

じつは、私はこう見えて本好きで、風呂場やトイレにも本棚を設置しているほどである。感動する本と巡りあったときの衝撃は、心になにかが突き刺さったかのようだ。私のパブリックイメージに「感動」は結びつかないと承知しているし、そんな姿を見せたいとも思わない。

一方で、「自分が抱いた感動を、なんらかの方法でそのままイメージを変えずに見せられないか」とも考えていたところ、かなり前の話になるが、ＮＨＫのディレクターから単発ドラマの台本を書いてほしいと頼まれた。このドラマが好評だったこともあり、気をよくして芝居の脚本を書き始めたわけである。

超イケメンで美しい彼女がいたら――。

大金持ちの家に生まれていたら――。

強いコンプレックスからくる妄想の数々を立体化するのに、芝居の脚本はうってつけである。

ちなみに私の芝居は意外とロマンチックで、主役はだいたい女性。おそらく、たまには私の中の「善」を見てほしい、というワガママがそうさせているのだろう。

つらいこともある。

台本の読み合わせのあと、出演者からかならず、

「この台詞、黒田さんが本当に書いたの？　気持ち悪い」

と罵倒されること。

しかし、私もこう言い返す。

「ＡＫＢ48の歌も秋元康さんがつくってんねんぞ！」

脚本家としての勉強はまだまだ続きそうだ。

意味はあとでわかる

「こんなんやってて、意味があるんかな？」

最近よく耳にする言葉だ。

カラダを鍛えて、「女の子にモテたい！」とか、「やせて彼氏をゲットする！」とか、結果に向かって人は努力する。

しかし、結果の見えない努力に人は悩む。勉強しても意味がないとか、家に給料を入れるだけでは働く意味がないと愚痴る人もいる。


私が芸人を志して吉本の門を叩いたのは、二一歳のときだった。

その頃の吉本の養成所は高校を出てすぐ入るのが普通で、同期のほとんどが一八歳。

私は高校卒業後に板前の修業をしていたので、三年間「意味のない」料理の勉強をしていたことになる。

若い頃における「二、三年の差」は大きく、当時は、「板前の修業なんてやらないで、お笑いの勉強をしていれば……」とよく悩んだものだ。なにせ、同期のヤツらは養成所に入る前からテレビやラジオのお笑い番組を録画・録音し、プロになるべく必死に研究を重ねていたのだから。私はといえば、当時はバブル期で飲食店も忙しく、一日一三時間、毎日毎日、板前修業に追われ、テレビを見るヒマすらなかった。

だから入所当時、すでに圧倒的な差がついていた。その差を埋めるのにかなり苦労をした。

それでも若手の頃は順風満帆に仕事があった。

だが、三〇歳も近くなると、一気に仕事が減った。芸人なら一度は経験する、いわゆる「世代交代」というやつだ。

仕事がなくて、家賃も払えない。先が見えず悶々《もんもん》としている私に、一本の電話があった。知り合いのディレクターからだ。

「お前、料理してたよな？」

「はい！」

ある番組の新企画で「ひとり暮らしの老人の家で料理を振る舞う」というロケをすることになり、料理ができる芸人を探しているらしい。もちろんすぐに出演を引き受けた。そのコーナーは人気となり、なんと特番までつくってもらえた。視聴率も一〇パーセントを超え、番組を見た他局のスタッフが仕事を振ってくれるなど、一気に仕事が増えたのである。

「意味のないことをやることに、意味があるんだ」

先日、ある俳優さんが笑顔で話してくれた言葉だ。

いますぐに結果が出なくても、数年後、数十年後、思わぬところで「意味があった」ことに気づき、助けてもらえることもある。

この本も、やがて大きな仕事につながるはず！　と私は信じている。

漫才とコントの違い

春は卒業と入学の季節。私自身、二四年前の三月に、NSCという吉本興業の養成所に入学した。

今年もたくさんの若者がNSCの門を叩くことだろう。

ある方から、「最近、若手に『漫才とコントの違いがわからない』という質問をされることが多い」と聞いた。一般の方ならともかく、芸人を目指そうという者としては情けないかぎりだが、意外とこの違いは知られていないのかもしれない。

漫才は基本ふたり（まれに三人以上）で、センターマイクの前で演じる。

コントはセンターマイクを立てずに演じる。

また、漫才は前フリ（落語でいうマクラ）から本題に入るが、コントはいきなり設定から入る。

たとえば、医者と患者がお題の場合、漫才ならこんなふうに入る。

Ａ「僕は昔、医者になりたかったんや」
Ｂ「ほんだら、ここでやってみよう」

こうした流れで、いままで普通に話していたふたりが医者と患者になって話し出すのだ。

これがコントとなると、

「次の人……」

なんていう白衣を着たＡの台詞で始まり、

「あの、風邪をひきまして……」

と、Ｂが入ってくる。これなら見ている人も即座に医者と患者だとわかるだろう。


さて、漫才とコント、どちらが演じやすいだろうか。

まず、向き不向きがある。

漫才は前フリでお客さんが離れてしまうとあとの設定も聞いてもらえないが、コントならすぐに本題に入れる。

しかし、コントには設定から外れられないという弱点がある。

その点、漫才なら「医者と患者」から始めても、途中で「刑事と犯人」や「男と女」など設定をすり替えることができるのだ。

とはいっても、これが宇宙人や妖精といった「ぶっ飛んだ設定」だと、いくら漫才の中で「俺は宇宙人だ！」と言っても、そうは見えにくい。だから設定によって漫才とコントを使い分ける人たちもいる。

まれに舞台の途中で「延ばし」（時間を延ばせとの指示）が入った場合の対応にも、それぞれ違いがある。この場合、確実に漫才が有利だ。設定をつなぎ合わせれば、いくらでもネタを延ばすことができるからだ。たくさんネタを持つ漫才の師匠方なら、一時間ノンストップでも延ばせるだろう。

なんにせよ、たしかなことがひとつある。

漫才もコントも落語も新喜劇も、テレビで見るより劇場に足を運んでもらったほうが、断然に満足してもらえるはず。このことだけは断言できる。

初めての講師

先日、生まれて初めて「講師」になった。講師と言っても、大学や講演会などという立派なものに呼ばれたわけではない。私が二十数年前に卒業した吉本の芸人養成所「NSC」の生徒たちの前で講義をしてほしい、との依頼を受けたのだ。

私のかつてのマネジャーが同校の事務をしており、「ぜひとも」と言うので渋々引き受けた……のだが、すぐに後悔した。私は人に教える術などなにも知らないではないか。だいたい、私のような無知の人間が人に物を教えるなどおこがましい。

悩んだ末、「生徒から質問を募り、それに答える」というシンプルな授業方法でいこうと思った。

当日、教室に入ると、ズラリと並んだ生徒たちから緊張感が伝わってくる。

空気をほぐそうとあいさつでボケてみたが、さすがは芸人志望の生徒、そのボケまでノートに書きだす始末だ。今度は私が固まってしまった。

昔と違っていまは年齢制限がないらしく、今年三七歳という男がいたのには驚いた。

その中年男が質問をしてくる。

「病気の母とふたり暮らしなんです。なんとか芸人で売れて、母にラクをさせたいのですが……」

「病気のおかんおんねやったら、もっと確実な仕事せんかい！」

普段ならそう怒鳴るところだが、いまの私は講師だ。

「早く有名になってお母さんをラクにさせてあげなさいね」

とやさしくささやいていた。

おもえば私だって二十数年前、アホヅラをさげてこの中にいたのである。


新しい発見もあった。

生徒たちの質問に答えていると、おもわぬ自分に気づかされるのだ。

「芸人になれるか、まだ自信がない」

という二〇代の女子生徒の問いに、私はこう答えた。

「そらそうや、君は二十数年も生きてきて、自分という人間については君がいちばん知っているし、理解もしている。せやけど、『芸人の君』はまだ一歳にも満たない。だから、君はこれから勉強して、赤ちゃん芸人の君にいろいろ教えてあげて、成長させてあげないと。そして、いつか子離れする親のように、芸人の自分を育ててあげて」

いままで考えたこともない回答だった。

そうや、俺も芸人二〇代、まだまだ勉強やな――との思いにふける私に、降りそそぐ生徒たちの尊敬のまなざし。授業後も優越感にひたる私に、例の元マネジャーが声をかけてきた。

「黒田さんは我が校では卒業扱いになっていません。授業料払っていないでしょう!!」

やはり私は、「講師」には向いていない……。

舞台の覚悟

リオデジャネイロオリンピックが開かれている。場所がブラジルということもあり、寝不足の方も多いと思う。

かくいう私も寝不足である。ただし、オリンピック観戦をしているからではない。芝居の稽古真っただ中で、台詞覚えに悪戦苦闘しているからだ。

芝居のたびにいつも、「なんで引き受けたんやろ?」と後悔する。

テレビ番組などに比べると拘束時間も長いし、ギャラも圧倒的に安い。出演だけならまだしも、脚本や演出まで手がけると、体重が三キロほど減ってしまう。

だが、やり終えたあとの爽快感と充実感はたまらないものがある。

クサい言葉を吐くと、「心に汗をかいている」感じがするのだ。

漫才や芝居の舞台では、お客様はお金を払って見にきている。おもしろくないと思えば、その空気は舞台に立つ側の人間にもかならず伝わる。しかし、テレビにはそれがない。テレビの世界では視聴率がすべてだから、たとえスタジオで大盛り上がりしても、視聴率が悪ければ評価されない。テレビにはスポンサーの企業がついており、そこでは視聴率の数字が重視されるからだ。

私はコンプレックスのかたまりのような人間なので、テレビの前にいる人たちがいったいどれだけ現場の空気を感じとってくれているのかが気になってしかたがない。だから、舞台に立って、自分を試してみたくなる。脚本を書くのもそのためだ。

芸人といっても四六時中笑っているわけではない。とくに私は、心に「陰」をたくさん持っている。

しかし、その「陰」はテレビでは出せない（出してるやろ！　とツッコむ方もいるかもしれないが……まだ出し切れていない）。すると、「陰」がたまり、ストレスもたまってくる。なので、その「陰」を舞台で、台詞としてほかの人に代わりにしゃべってもらうのだ。

お金を払って見にきてくださったお客様の声を聞くことができる。これが舞台の醍醐味だ。

舞台を見ての感想であれば、たとえ罵詈雑言《ばりぞうごん》であっても喜んで耳を傾けたいと思う。その覚悟はあるつもりだ。

……あっ、残念ながら、今回の舞台では私は脚本を書いていないので、お叱りの言葉はまた今度で。

忍び寄る老いについて

最近、疲れやすい。肩こりもひどい。仕事が忙しいせいだと思い、その類いの薬を薬局で購入して試してみるが、効き目がない。

ほかの原因も調べてみようとスマートフォンで検索してみると、目の焦点が合わない。「あれっ？」と思い、スマートフォンを目元から少し離してみるとよく見えたので、「よかった……」とひと安心。

いや、「よかった……」やあれへんがな！　ともう一度、今度は雑誌のページを開いて見てみると、やはり焦点が合わない。そして、手元から少し離すとよく見える。

ま、まさか！　と思い、眼科に飛び込んで検査してもらう。

やはり「老眼」だった。

疲れもそのせいだという。

私はガッカリした。

昔、近所の古本屋のハゲたおっさんが難しそうな顔をして鼻っ柱にかけていた、あの眼鏡をかけなければならないのか……。

いや、そんなはずはない！

往生際の悪い私は、今度はオシャレな街のオシャレな眼鏡屋に駆け込み、再度検査してもらった。オシャレな店員さんがつぶやく。

「残念ながら……老眼です」

この「残念ながら……」に、私の心はひどく傷ついた。

店員さんが老眼鏡をすすめてきたので、せめてオシャレなフレームを……と注文すると、三万円もする。財布から渋々お金を出して払おうとしたとき、ふと指の爪を見て、縦に浅く亀裂が入っていることに気づいた。気になって調べてみると、これも「老化」のせいらしい。

落ち込んでいる気持ちを振り払おうと風呂につかっていると、股間から一本白い毛が生えていた。陰毛の白髪だった。

風呂から上がり、テレビをつけると、福山雅治さんが黄色い声を浴びながら歌っていた。私よりひとつ年上の彼を見習い、押し入れにしまいこんでいたギターを弾いてみたら、今度は腰を痛めた。神様は平等に「老い」を与えない……。

そんな嘆きを楽屋で話していたら、新喜劇でおなじみの桑原和男師匠が、

「四〇代なんて、まだまだや！」

と叱ってくれた。

師匠は、今年で八〇歳（執筆当時）。いまも現役バリバリである。

「師匠、戻れるなら何歳に戻りたいですか？」と聞くと、

「五〇代がいちばん楽しい」との答え。

希望の光が差した。

四〇代の私はまだまだ甘い。

伝説の漫才師

西川きよし師匠と番組をご一緒させてもらって、一年が経つ。

いまだから言えることだが、最初にこのお話をいただいたとき、じつはお断りしようと考えていた。

みなさんご存じのとおり、西川きよしといえば、伝説の漫才コンビ「やすしきよし」で昭和の漫才ブームの頂点に立った漫才師のひとりである。子供時代、私はテレビでやすしきよしの漫才が始まると、かじりつくように見ていた。おふたりの漫才は、いま見ても古さを感じさせない。いまでも漫才界のヒーローなのである。漫才師という肩書きを持つ者として、そんなヒーローと毎週ロケに出るなどというのは畏れ多いと思ったのだ。

しかも、元政治家で、福祉活動の面にも力を入れておられた人だ。完全に「善」の人である。かたや私はといえば「悪」のイメージが強い。水と油のように混じり合うわけがない。プロデューサーにもそう伝えたが、曰く、「善と悪だからおもしろい」と。水戸黄門でも遠山の金さんでも、善と悪があるからドラマが成り立つ。プロレスの「ヒーロー」と「ヒール」のようなものだとも言う。その言葉に妙に納得してしまい、けっきょくはお受けすることになった。

毎週一度はきよし師匠とロケに出るようになり、思うことがたくさんある。

まず、よくこれだけ人に頭を下げられるものだと感心する。

ロケ地でお世話になる人、道で会う人、すべての人にあいさつをするのだ。私もいい大人なのでもちろんあいさつはするが、きよし師匠はスタッフと道端で打ち合わせをしているときでも、その言葉を遮ってまで人にあいさつをするものだから、スタッフの言葉を必死で聞いている私だけがあいさつしていないように思われてしまう。

だいたい、あのきよし師匠にあいさつをされていやな気分になる人はいない。もう一度、選挙に出るつもりではないかと思うほどである。いまでも人気者なのもうなずける。

さらに、我々世代や若手にもたいへんやさしく、気を使ってくださる方でもある。

大阪市内をロケバス（出演者やスタッフが乗る小型のバス）で移動したときのこと、出発してしばらくして師匠が私のそばに来て言うのだ。

「席、替わろうか？」

なにごとかと思い、「えっ？」と聞き直すと、

「そっちの席とこっちの席から見る風景はちゃうやろ？」と言ってくれた。

私の席と師匠の席はひとつしか違わない。おまけに走っている風景は、飽きるほど見つくしている大阪市内である。が、せっかく師匠がおっしゃってくださった提案をむげには断れない。もしかしたら師匠も私の座っている席からしか見られない風景を味わいたいのかもしれないと思い、席を替わった。すると、五分もしないうちに師匠は眠りにつかれた。さすがである。

そして、やはり敵わないと思うのが、強運の持ち主だということ。

伝説の「ジャンケン最強説」も本当だ。ジャンケンで負ける師匠を見たことがない。

それだけではない。一年間とおして、屋外ロケのときに雨降りになったことがない。降らないどころか、いつも晴天だ。たまに雨の降ることがあっても、そんなときはかな

らず屋内ロケなのである。

駄菓子屋であるロケをしたときに、ふたりでクジを引いたことがあった。私ははずれで、師匠はなんと一等賞を当てた。お店の人と仕組んだのではないかと疑ったほどだが、当然そんなわけはない。

横山やすしという天才を相方に持った引きの強さもある。なにより奥様であるヘレンさんとの出会いも強運といえる。天が、人柄のよさと真面目さを持ったきよし師匠に、「強運」を与えたにちがいないのだ。


ある日、師匠が突然、「焼肉食べたいな！」とおっしゃった。

私は驚いた。

師匠の突然の発言には慣れていたが（師匠は会話のつなぎ目と関係なく、思ったことをよく口にする）、その日、珍しく私は朝から「焼肉が食べたい」と思っていたのだ。

師匠ほどの人となると、イタコのように人の気持ちがわかってしまうのかもしれない。

そのことを師匠に伝えると、

「それなら、行きつけの焼肉屋があるから行こ！」と誘ってくださった。

高級焼肉店に連れていってもらえると小躍りしながら師匠のあとをついていった私は、また驚いた。

その店は「高級」からはほど遠い、昭和の香りがする小さな焼肉屋だった。

子供の頃、私の家の近所にもあった、お世辞にもきれいとは言えないお店を思い出した。「師匠にも庶民的なところあるんやな」。そう思ったが、聞けば創業六〇年にもなる老舗の焼肉屋さんらしい。そしてここは、師匠がやすし師匠とふたりきりで訪れる唯一の店だったのだ。

店は古びてても肉は一級品だ。小さな焼き網にたくさんの肉を乗せて昔話をする師匠の顔に、笑顔が溢れている。店の雰囲気も歴史を醸し出している。

やすし師匠との思い出や、ヘレンさんとのなれそめ、若手時代の苦労話、モウモウと立ちのぼる煙と肉の焼ける匂い。

ほんの一瞬、きよし師匠の顔が若手の頃のように見えた気がした——。

売れるとはなにか

　ある若手芸人の相談に乗った。

「なぜ僕は売れないのか」

　その男の問いに真剣に考えてみた。けっして悪い人間ではない。いや、むしろいい人間の部類だ。真面目で明るく、よく気がつく。しかし、それがダメなのかもしれない。

　我々の世界では、「真面目」の反対は、「不真面目」ではない。正解は、「真面目さを見せない」である。

　芸人が真面目さを見せると、おもしろさに欠ける。不真面目に見えても、内面は真面目でなければいけない。

「明るい」も同じである。底抜けに明るい人もみなさんの周りにいると思うが、そういう人は芸人に向かない。テレビの中で「明るい」人ほど、意外に神経質な人であることが多い。

声質も大事だ。その若手は残念なことに、声が高すぎる。

高すぎる声は一発芸にはよいが、耳に障るので司会に向かない。反対に、私のように低すぎる声は一発芸やギャグには不向きだ。

そして、けっして明るい芸人にはなれない。

我らの諸先輩方も、それらをわかって、いまがあると思う。

ただ、私自身、いまの時代はなにをもって「売れている」と言えるのかが、よくわからないのだ。

テレビに出ない人は売れていないのか。

演芸場でコツコツとお客さんと向き合って笑いを提供している人はどうだろう。若手落語家などは小さな寄席小屋や町の営業などで、テレビに出ている若手芸人よりも稼ぐと聞いたことがある。関西の劇団「ヨーロッパ企画」も、公演で年間一万人以上を動員するが、そんなにテレビには出ていない。

漫才は、やはり舞台芸だと最近思う。

いまのテレビの漫才は、若手なら三分、我々中堅でも五分の持ち時間だ。だから、若手は三分の中にすべての笑いを盛り込む。私もかつてそうだった。

しかし、劇場での漫才は最低でも一〇分だ。

そうなると違う話を三本くっつけなければならない。若い客ばかりなら話題の切り替えについていけるが、なんばグランド花月の客はお年寄りも多く、切り替えについていけないのだ。

どうすればよいかと聞かれれば、より多く劇場に出て、頭を抱えながら改良するしか方法がない。

「テレビに出ることばかり考えないで、劇場で勉強するのも売れる道かもしれない」

そう彼に諭すと、ウトウトと居眠りしていた。

この心臓の強さなら、彼は大スターになるかもしれない。

すべては残さない

五月に上演した芝居の疲れがやっととれてきた。

芝居なんてものは何カ月も前から準備するので、稽古や演出でクタクタになる。それなのに、始まってみれば一瞬にして終わってしまう。

いつも「もう二度とやらない」と思うが、疲れがとれたら、また脚本を書くために原稿用紙を取り出してしまう。おそらく、「これが正解!」というものがないのと、芝居を終えた爽快感や充実感とが忘れられない、というのが原因だろう。

いまの世の中、スマートフォンのおかげで、一瞬一瞬の事柄を画像や動画で残せてしまう。まことにけっこうなことだが、それでは人間本来の「脳裏に焼きつける」ことができなくなってしまう。

すべてを映像化するのが美学だとは思わない。私も昔なら電話番号を何件も覚えていたのに、いまやひとつも記憶してない。脳がラクすることを覚えたからだ。

芝居の脚本を書きはじめた頃、みんなからバカにされた。「カッコつけてる」だとか「文化人になろうとしてる」だとか……。

そうではなくて、一瞬一瞬を大切にする努力が、自分にとって脚本を書くことだったのだ。子供の頃に聞いた両親の言葉は映像化しなくても脳裏に焼きついてるし、なんの気ない友達との会話やバカ話なんかも覚えてるはずだ。

一方で、人間は本能的に、嫌なことはどんどん忘れていく生き物らしい。

世の中が便利になりすぎたおかげで、これら人間本来の部分が欠落しかけているのかもしれない。

誰しも過ちや間違いはあるが、いまやSNSやインターネットに残すと一生消えないと言われる。記憶しておくのと記録を残しているのとでは、大きな違いがある。

歴史や文化を書き留めておくのはいい。なぜなら後世に残すべきものなのだから。しかし、一個人の思い出をすべて残そうとするのはどうかと思う。

花火も夏に見るのがいいのであって、毎日上がっていたら誰も見向きもしなくなる。いまを生きていると実感することが大事だ。だから、すべてを残すことがいいとは思わない。

自分にしかわからない感情は、自分が死んだときに一緒に持っていくべきだ。
偉そうに言ってはいるが、このコラムが文庫本になるのを密かに狙っている私もいる。

第五章

私をつくった人

人生の通知表

おかんが亡くなり、先日無事に四十九日法要を終えた。

仏教的には、この四十九日で、故人が極楽浄土に行けるかどうかの判決が下されるらしい。勝手気ままな母だったが、息子四人を女手ひとつで育てあげたことで恩情をいただき、「閻魔《えんま》さま、どうか天国へお願いします。地獄へ落とすと、かならず鬼たちと揉めて、地獄の風紀を乱すことになりますので……」と願う毎日だ。


おかんが亡くなる日がいつかやってくるとは思っていたが、いざやってくると、なかなか困ってしまう。

おかんがこの世にいないことを、つい忘れてしまうのだ。

子供の頃に食べた煮物が急に恋しくなり、作り方を聞くために電話をしてしまったり、実家方面で仕事があるときには、顔でも出してやろうと車を走らせてみたり……。

ふっと現実に戻ったあとに押し寄せてくる感情に、気持ちがふさいでしまう。

この年になれば、いろいろな経験をしてきた。知人や友人との死別もあったし、恋人にフラれもした。仕事がうまくいかずに寝られないこともあった。

しかし、「おかんが亡くなった」という感情は、それらのどれにも当てはまらない。喩えるなら、誰もいないプールのど真ん中にジーッと目を開けて潜っているような感覚だ。


この不思議な感情はなんなんやろ？

自分なりに考えてみる。

少年期、私の家は貧乏生活を送っていたが、上の兄三人の出来はよく、母も安心していたと思う。しかし、私だけは劣等生で、常に悩みの種だったことは間違いない。

終業式の日はかならず母に通知表を見せなければならないのだが、上三人の通知表を見るときはニコニコしていた母が、私の番になると鬼の形相に変わる。それがイヤで、終業式の日はわざと遠回りして家に帰ったものだ。

一度だけ、国語の成績がよくて、おかんにすごく褒められた。あのときの優越感が忘れられない。

いま、仕事をがんばっていられるのも、あのときの感覚があるからかもしれない。大人の世界に通知表はないが、見えない人生の通知表を、いつまでも見てほしかった。怒られても褒められても、おかんに人生を採点してほしかったのかもしれない。

その人はもういないという事実が、私を無音の世界に引き込んでいる。

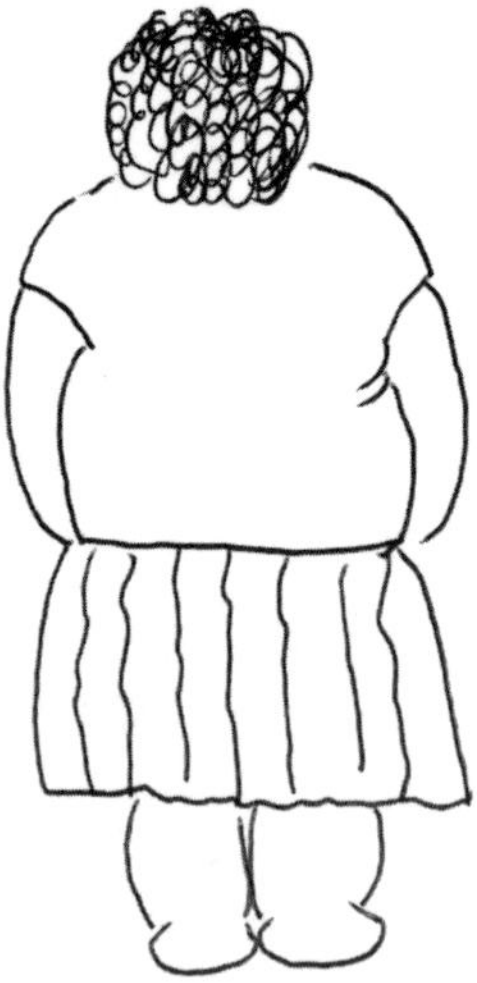

プロになるために

今年もあとわずかになった。一年を振り返れば、やはり「母の死」だろう。

むろん思い出はたくさんある。

母は「女」としてのプロではなかった。

いろいろあったにせよ、父とは離婚している。息子から見てもけっして美人ではなかった。女らしいところを見たことがない。

そして「商売」のプロにもなれなかった。

もともとお嬢さま気質な上に、計算というものがまったくできない人だった。婦人服の販売や駄菓子屋、託児所なんて商売にも手を出したが、ことごとく失敗した。そのたびに家の借金は増えていった。

しかし、「親」としてのプロではあったと思う。

お金では苦労したが、子供四人、けっして暗くならなかったし、私以外の兄三人は立派に成長して家庭を持ち、幸せな生活を送っている。私も紆余曲折はあったが、借金を抱えているわけでもなく、それなりの生活をさせてもらっている。

「プロ」になるには、やはり努力が必要だと思う。

私はよく仕事でタクシーを利用するのだが、そこにもプロの人がいれば、そうでない方もいる。降りるときに「ありがとうございましたー」と気持ちよく言ってくれる運転手さんだったりすると、その日の仕事がうまくいきそうな気がする。反対に、料金を払ってもなにも言わない運転手さんにあたったときは、一日中、気分が悪かったりするのである。

あらゆる場所に「プロ」が存在する。サラリーマンであろうが、工場で働く人たちであろうが、主婦であろうが、旦那であろうが、「プロ」はいる。私自身も芸歴二〇年を超えたあたりから、いまの職業にプロ意識が芽生えはじめた（少し遅いとも感じるが……）。

「プロ」になるということは、なかなか一筋縄ではいかない。しかし、「自分は○○のプロである！」と自覚することが必要だと思う。

最近、親が子供を殺《あや》める事件記事をよく目にする。親としてのプロ意識の欠落が原因だろう。子供を持つということは、「親のプロになる」ということだからだ。

親になったことのない私が言っても説得力に欠けるのは重々承知の上。だが、残念ながら、私は「親」のプロになる前に、「男」のプロになるべく、ただいま修業中の身なのだ。なので、来年もよろしくお願いします。

祖父の写真

終戦七〇年のため、各テレビ局で記念番組が制作されている。

先日、旧知のディレクターが私の楽屋を訪ねてきた。母が亡くなったのを聞きつけて、あいさつに来てくれたのだ。雑談の中、今度の終戦特番の担当になったと言う。

「お母さんは戦争体験者ですよね。なにか資料になる物はないですか？」

と聞かれて、そういえば……と思い出した。

母の遺品に一冊のアルバムがあった。


ずいぶんと古いアルバムだ。

開けてみると、軍艦の写真や海上での戦闘写真、あきらかに日本ではない場所で軍服を着ている祖父の写真が几帳面に貼ってある。

たしか子供の頃に、母がこのアルバムを見ていたのを覚えている。ただ、なにせ祖父が亡くなったのは私が生まれる何年も前のことなで、私自身にはアルバムへの思い入れがなく、その存在すら忘れていた。

そんな話をディレクターにすると、ぜひそのアルバムを調査したいとのこと。

子供の頃、母からよく「おじいちゃんはトヨタのお偉いさんで、すごい人だ！」と聞かされていた。正直、私は信用していなかった。「おじいちゃんがトヨタのお偉いさんなら、なぜ我が家はこんなに貧乏なんだ！」と子供ながらに思っていたのだ。

しかし、テレビ局とはすごいものだと今回改めて思った。アルバムを徹底的に調べてくれたおかげで、祖父の過去がわかったのだ。

なんと本当にトヨタ自動車の社員だった。しかも重役クラスの……。

この事実は、関西テレビ『みんなで考える戦後七〇年 ～芸能人が探る自分ストーリー～』で放送された。

祖父は社員としてジャワ島へ行き、軍のトラックなどのメンテナンスをしていたらしい。専門家によると、戦地での撮影は厳しく規制されており、軍艦などの写真が撮れるということは、軍内でもそれなりの立場だったはずとのこと。

それを知ったとき、いまの私のだらしなさを、祖父はどんなふうに見ているのだろう……と情けない気持ちになった。

戦争体験者がどんどん少なくなっている昨今、ご存命の方々からぜひとも戦争の体験を聞きたいものだ。

先の大戦がよかったか悪かったかは別にして、いま、我々が生きているのは、あの戦争になにかしら携わったご先祖のおかげなのだから――。

片付け名人と貧乏神

春は卒業のシーズンである。いい年した男にとって卒業とは？　と考えた私は、「まずはいらなくなった洋服から卒業しよう！」と、春らしく「衣替え」を思い立った。

さっそく洋服ダンスの引き出しを開けてみると、大量の肌着があることに気づく。舞台に立つときに肌着は必需品なのだが、全部引っ張り出してみると、まったく着ていないものや、色あせて着られそうもないものがたくさんあった。

「一年着ない服は一生着ない」と〝片付け名人〟なる人がテレビで言っていたのを思い出し、大きなゴミ袋にボンボンと詰め込んでやった。

その袋を持ってゴミ捨て場に向かう途中、貧乏神が私の耳元でささやく。

「どうせ捨ててしまうなら、最後に雑巾にして床でも拭いたらええのに……」

そりゃそうだ——とまたゴミ袋を担いで部屋に戻り、いま捨てたばかりの肌着をゴミ袋から取り出して、次は棚を掃除することにした。

棚の整理を始めると、奥から一〇年ほど前に買った何本かの映画DVDを発見した。「三年以上見ないDVDは一生見ない」と、これまた片付け名人の言葉を思い出し、処分しようとして手に持つと、再び貧乏神が私を脅すのだった。

「どうせ捨てるんやったら最後に見たらんかい！」

だから、しかたなくDVDをデッキに入れて映画を鑑賞する。

そうこうしているうち、夜もふけてきたことに気づく。

マンション住まいなので、周囲の部屋への迷惑を考えると、こんな時間から掃除機をかけるわけにもいかない。しかたなく今度は食器棚の整理を始める。すると、奥から使わない湯飲みがいくつか出てきた。一年使わない食器は――。

「もういい……捨ててやる！」

新聞紙に包んでみたら、湯飲みの底に「有へ」との刻印が。母が生前、私のために焼いてくれた湯飲みだった。今度は貧乏神の声ではなく、母の声で聞こえてくる。

「せっかく焼いたったのに……」

けっきょく、なにひとつ片付けられない一日だった。

春といえども、私の中の母と貧乏神は、まだまだ卒業してくれそうもない。

止まらない悪口

毎回このコラムの締め切りが近づくと、テーマをなににしようかと決めるのに、新聞、雑誌、テレビなどに目をやり、ヒントを得ることが少なくない。今回もひととおり目を通してみたのだが、キーワードは「北朝鮮」か「不倫」ばかりだ。私ごときが国際情勢を語ってもしかたないし、ひとり者に「不倫事情」はわからない。

どうしたものかと机の上で考えていると、母の遺影と目が合った。

そういえば、うちの母と親父の離婚も「不倫」がひとつの大きな原因だった。

母はよくも悪くもプライドの高い人だったので、家が貧乏なのにそんな感じをいっさい見せずに近所の人と付き合っていた（むろん近所の人たちは貧乏なことをわかっていたのだが、見て見ぬふりをしていてくれた）。

貧乏になったのは、間違いなく親父のせいだ。

子供が四人もいるのに、金を家にいっさい入れず、外で女をつくった。貧乏になるのも当然だ。

生活のすべては女手ひとつの母の肩に乗りかかっていた。養育費だと言って年に一度、ミカン箱が届くくらいだった。まったくロクでもない親父だ。親父の葬式に、母が香典を慰謝料代わりに取りにいこうとした気持ちも、いまでは理解できる。

私は兄弟の中でも群を抜いて父親似だ。瓜ふたつといっても過言ではない。

だが、物心つく頃にはもう親父は家にいなかったので、親父が家にいた頃の記憶がある兄三人に比べると、私には親父の本質的なものがわからない。

そのぶん、母は私によく親父の話を聞かせた。

よく、離婚した母親が子供を傷つけまいとするために「お父さんは星になった」などと嘘をついたりすると聞くが、うちの母は容赦なく親父の悪口を言った。

なんでもかんでも親父のせいにするのである。

路地で私が転んで唇を切ったときは、「親父が後ろから押してた」。

近所に雷が落ちると、「親父の愛人宅に落ちた」。

強盗犯が逃走中なんてニュースが流れた日には、「犯人は親父だ！」。

果ては、「仮面ライダーのショッカーの親玉は親父だ！」なんて私に吹き込んだりもした。

だから、幼心に私は、自分の父親を極悪人だと思っていた。

子供の頃だけではない。親父の悪口は、母が死ぬまで続いた。

亡くなる二年前、北海道旅行に連れていったのだが、ディナーのジンギスカンを食べながらも親父の悪口を言っていた（しかも羊肉を三〇〇グラムもたいらげながら……）。

悪口はエネルギーを使うのだろう。母が亡くなったのが私が四五歳のときだから、少なくとも四五年間、親父を許すことはなかった。

ここまで恨むことになる親父と、母はなぜ結婚したのか。

直接聞いてみたことがあるが、鬼のような顔で睨まれた。それ以来、話題にしたことはないので、経緯はわからずじまいだ。

一度、親父の悪口が沸点に達したときに、昔のアルバムを持ってきて、

「お母さんが反対したのをちゃんと聞けばよかった」

とつぶやいたことがあった。

自分の両親に親父との結婚を祝福されなかったのだろう。親に反対されてまで親父と結婚したかったのはなぜだったのか。

そして、親父は母のどこを好きになったのだろうか。

男は母親に似た女を好きになる傾向がある、となにかの本に書いてあるのを見て、背筋が凍ったことがある。

だが、私にしてみれば、母の性格に女らしさを感じたことは一度もない。

だいたい母は気が強すぎた。

怖い顔をした借金とりが玄関先で「金を返せ!」と凄むと、「私が借金したんちゃう!」と言い返し、「なんや! この豚!」と母の容姿をあげつらうと、「豚でけっこう! 豚肉はいま高いんじゃ!」と返して、バケツで水を浴びせた。裁判所が我が家に差し押さえに来たときも、職員が絶対売れるわけもない家具やらテレビやらに差し押さえの紙を貼っていくのだが、それを次々に剝がすと、小さく切って電話のメモ書きにした強者だ。

こんな気の強い母を好きになるとはとうてい考えれれないのだが。

とはいえ、母と親父が出会い、結婚していなければ、いま現在、私がこの世にいないのもたしかだ。だから母にも親父にも感謝しなくてはならない。

最近フッと考える。

じつは母は親父に多分な愛情を抱き続けていたのではないかと。

「怒」という感情は、「無」ではないからだ。

もしかしたら、新婚のふたりはとびっきり仲がよかったのかもしれない。その反動で、不倫をした父を許せなかったのかもしれない。

女の「怒」を買うと、死ぬまで続く可能性があるという恐怖。

いまでも母は、天国で親父の悪口を神様に訴えているのかもしれない、と思うと可笑《おか》しいし、親父が少し気の毒でもある。

ほろ苦いチョコレート

バレンタインデー。

ご存じのとおり「女が男に愛の告白をする日」だ。この時期、百貨店や商店街では、チョコレートが売り場に並ぶ。

若い頃は「今年はいくつもらった」なんて仲間たちと張り合ったりしたものだが、四七歳（執筆当時）になったいまの私には、あまり関係のない行事だ。それでも、知り合いのおばちゃんに、「はい、チョコレート」なんて鼻クソほどのチョコレートを渡されたりすると、ホッコリしてしまう。


しかし、この悪しき行事、日本人はいつからはじめたのだろう。

モテる男はいい。そうではない男からすれば、こんな差別的な行事もない。

勝手にチョコを渡してきておいて、

「これは、義理チョコだから！」

と語気を強めて言ってくるクラスメイトの女には怒りを覚えたものだ。

文化祭で「ミスコンは差別だ！」なんて主張してた女の子たちも、バレンタインになれば、こぞって好きな男たちにチョコを渡していた。

我々が「きれいだ」と思った女の子に一票を投じるのと、好きな男にチョコを渡すのとはなにが違うのか!?　と青年期には怒りを覚えたものだ。

おまけに三月に入れば、ホワイトデーなどというものもあって、たとえつっけんどんに渡された「義理チョコ」であっても、かならずお返しをしなければならない。

勝手に渡してきて、お返しを請求するなんて！

でも、お返しをしなければ、女の子たちからつまはじきにされてしまう。

ウチは男四人兄弟。私は末っ子で上に兄が三人いる。

兄たちはみな顔がよく、スポーツも万能だったため、バレンタインになるとたくさんのチョコを持ち帰ってきた。あまりの多さに、母は近所の駄菓子屋にチョコを転売しようとしたほどだ。

同時に、私に向かっては、「不細工に産まれてかわいそうに……」と毎年冷たい目で言ってきた。いまでもこの季節になると、母が耳元でそうささやいてくるような気がして腹が立ってくる。

我が家にはガラス窓がなく、カレンダーやチラシが窓代わりだったので、バレンタインデーの季節には驚くほど部屋が寒く、長男と三男は友達の家に避難していた。

しかし、私と次男は違った。

まだ小学生だった私は、遅くまで友達の家にいることが許されなかった。しかたなくテレビを見て大笑いしていたら、次男に「うるさい！」とよく怒られた。

四兄弟でいちばん頭のよかった次男は、クソ寒く狭い我が家で朝から晩までドテラを着ながら勉強していた。電気を止められた日には懐中電灯のもとで勉強していたほどだ。

大学受験をしていない私には実際のところはわからないのだが、「受験に失敗した」という理由で自殺する人もいたぐらいだから、その気苦労はたいへんなものだったのだろう。おまけに我が家は超がつくほどの貧乏だ。私立大学など行けるはずもなく、国立大学を狙うしかない。プレッシャーも相当あったはずだ。

そんな次男が当時よく食べていたものがある。

「明治」のお菓子、カールとチョコレートだ。

次男は勉強づけで、女の子と交際するヒマもなかったのだろう。カールは自分で買い、バレンタインデーの時期ともなると、チョコレートに関しては、長男と三男がもらってきたものを食べていた。

私はといえば、次兄が買ってきてくれたカールと、長男と三男がどこぞの女の子にもらってきたチョコを、まるで終戦直後の子のようにがっつきながら食べるのだ。

元来おしゃべりな次兄は、休憩と称して、よく私と話をした。現在、私がよくテレビなどで家族の話をするときは、この次男とのおしゃべりが元ネタとなっていることが多い。

思えば漫才師になったのも、この次兄の影響である。彼はお笑いが大好きだったのだ（落語などに関しては、私よりはるかに詳しい）。

また、お笑いだけではなく、歴史や音楽にも詳しかった。私が、勉強はできないのに意外に物知りなのは、この兄のおかげである。

そんな次兄も無事、国立大学に合格した。

兄よりも歓喜の声を上げて喜んだのは母だ。貧乏暮らしの家族に、「息子自慢」という一筋の光が差したからだ。

次の日から母は、私が帰ると、近所の人に聞こえるように、わざと大きな声でこう言った。

「たもつ！　〇〇大学に通うにいちゃんは？」

「〇〇大学に通う」という前置き、いるだろうか？　私の兄だ。下の名前を言えばわかる。近所の人だって私の兄の名前ぐらい知っている。

それでも母は、次兄が国立大学に合格したことをよほど自慢したかったのだろう。母による「〇〇大学に通うにいちゃん」というアピールは、次兄が大学を卒業するまでずっと続いた。兄弟全員で「やめてくれ！」と頼んでも、母はやめなかった。

しかし許してやってほしい。女手ひとつで四人の男を育てたのだ。この先どうなるかわからない人生で、やっと世間に顔向けできる自慢、それが次兄の大学名だったのだ。

次兄は大学を卒業すると、なんとあの「明治」に入社した。

そこまでカールとチョコが好きだったのかと、妙に感心してしまったのを覚えている。

そんな兄から先日、新しく開発したチョコが送られてきた。見たこともないオシャレなパッケージに『ザ・チョコレート』と書いてある。兄曰く、「大人のためのチョコレート」なのだという。

ザ・チョコレートを食してみると、美味い。

甘さはあるが、ほろ苦い。

子供の頃ならもっと甘いほうが好みだっただろうが、年をとったいまならこれぐらいほろ苦いほうがいい。

日付を見ると、二月一四日だ。

あれから何十年もの時が流れたが、いまだ私は兄からチョコレートをもらって食べていることに気づいた。

このチョコレート同様、思い出も、いまではほろ苦いものとなってはいるが。

字は体を表す

全然知られてもいないし、知ったこっちゃないと思うが、じつは私は達筆だ。たまに結婚式なんかで署名を求められると、「意外に字が上手いですね」と言われる。知り合いのお寿司屋からメニュー書きを頼まれたこともある。

なにかで読んだが、字は「遺伝」するらしい。

生前の母に、「親父は、字だけは上手かった」と聞いた。親父のすべてを否定する母なので、この話には真実味がある。となると、私が子供の頃に字を習ったことなどないし、うちにはそんな余裕すらなかったので、字の上手さはやはり「遺伝」なのかもしれない。

小学校のクラスにめちゃくちゃ字が下手な同級生がいた。作文でもなにが書いてあるかわからなかったが、そいつはいつも二重マルだった。担任の先生に「なにが書いてあるかわかるんですか？」と聞いたら、先生も読めなくて、そいつに内容を聞いていたらしい。そのことに私は違和感を覚えていた。

大人になって、ある書道家の先生と話す機会があったので、聞いてみた。

「作文は人に見せるものでしょう？　字が汚くてもいいんでしょうか？」

先生はおっしゃった。

「いい質問ですね。私がその子の担任ならマルはつけません。下手でも一生懸命に字を書いて読ませようとしなさい、と言います。家にお客さまが来るときにはかならず掃除をしますよね。お料理がどんなに素敵でも、部屋が汚いと台なしですから。『字は体を表す』とは、そういうこと。それを教えるのも先生の務めです」

長年のモヤモヤした気持ちがスッとした。

下手でも一生懸命に書いた字は、見てすぐにわかる。

逆に、「俺は下手だから」と言い訳して雑に書いた字も、すぐにわかる。

ラジオ番組を長くやらせてもらっているおかげで、ハガキを読む機会が多い。一生懸命に書いてくださった字には、その人の伝えたい気持ちが表れているし、読んでいて気持ちがいい。

最近はパソコンやスマホばかりで字を書くことが減ったが、感情や思いやりがすぐにわかる「自分の字」を、もう一度見直すのもいいかもしれない。

ちなみに、その書道家の先生に私の字を見てもらったところ、

「ものすごく迷いがある」

と言われた。

見た目だけの達筆はよくない。

私の数少ない長所なのだから、これからは一生懸命に「字」を書こうと思う。

人生という車

人生は車に似ている。

中学の卒業式に先生が言った言葉だ。

当時は、「なに言っとるんや。軽トラックみたいな顔して！」なんて思ったりもしたのだが、四八歳にもなると、なんとなくその意味がわかってくる。

ブレーキは自分自身に喩えられる。踏み続けると、ちっとも前に行かないし、まったく踏まないと事故ってしまう。

アクセルは目標だ。大きくて広い道では目いっぱい踏み込めばいいが、人生はそんな道ばかりではない。カーブに上り坂、下り坂、たくさん待っている。自分というブレーキと目標というアクセルをうまく組み合わせないとたいへんだ。

ハンドルは親や友人かもしれない。右に曲がるのも、左に曲がるのも、親や友人の正しい教えがあるからこそ、正確に曲がれる。もしそれが間違った教えならば、壁に激突してしまう。若い頃はこのことに気づかずに、人生を踏み外しかけてしまう人も少なくない。

運転するときに大切なのは車間距離だ。これは人間関係そのものだと思う。近すぎれば前の車とぶつかるし、離れすぎれば後ろの車に迷惑がかかる。

高級車もあれば、そうでない車もある。これは生まれついての貧富にあたる。しかし、いくら高級車に乗っても、アクセルやブレーキ、ハンドル操作のミスによって事故は起こる。反対に安い車であっても、注意して乗れば事故を起こすことはないし、安全だ。

仕事はガソリンだと思う。ガソリンが入っていないと、車はただの鉄クズになってしまう。こう言うと定年退職した方々に怒られてしまうかもしれないが、代わりに趣味というガソリンがあればいい。

この本はこれで終わりとなるのだが、もともと毎日新聞で連載をさせてもらえただけでもたいへんありがたいことだし、名誉なことだった。喩えるなら、ハイオクのガソリンを入れてもらったみたいなものだ。

私という車はオンボロだが、せめて大切に乗りこなしていきたいと思う。安全のためにブレーキとアクセルをうまく使いこなし、ハンドル操作も間違わないようにしてまだまだ走り続けるために、もっとガソリンを補給していかなければならない。

あとがき

私が本を出す、なんて聞いたら、誰よりも亡くなった母が驚くことだろう。

子供の頃からまったく計画性がなく、コツコツなにかするのも嫌いなほうだった。そういう人間が大人になると、結果的に、休みの日になにもすることがなくなってしまう。客観的に見れば、自分は社会不適者ではないかとすら思えてくる。

そんな私がいまこうしていられるのも、「人の縁」のおかげだと痛感している。

芸人でいられるのも諸先輩方がコツコツつくってくれた筋道があるがゆえの賜物だし、舞台の脚本を書くようになったのも、乗り気でなかった私に無理矢理にでも芝居のよさを教えてくれたテレビプロデューサーがいたからだ。それをたまたま見たＮＨＫの演出家は、私にドラマの脚本まで書かせてくれた。

子供の頃、イヤでイヤでしかたなかった貧乏生活も、いまや私にとってはネタの宝庫と化している。私がもし貧乏兄弟の中の末っ子でなければ、家計を支えなくてはならず、この世界に入ることすら許されなかったと思う。

また、ラッキーもある。

この本は、毎日新聞の大阪版に連載したコラムをもとに、加筆を施したものだ。連載させてもらうようになったのも、ほんの偶然の出会いがきっかけだった。

近所の店に、愛犬の散歩に出かけたときのことだ。店のママさんから、友達だという女性を紹介してもらった。その女性も犬好きなので話が盛り上がり、その後も何度か店で顔を合わせているうちに、彼女が私に言ったのだ。

「ウチの旦那が黒田さんに仕事を頼みたいらしくて」

正直、この手の話はよくある。結婚式やらパーティやらで司会をしてくれだの、ひとこと花を添えてくれだの。このときもそうした類の話かと思いきや、勝手が違った。

「旦那の仕事は毎日新聞のデスクなんですけど――」と言うのだ。

物を書くことは嫌いではない。一度話だけでも、とやはりその店で会ってみれば、とても真面目そうな方である。しかも、新しくコラムを連載する枠があるので、私になにか書いてみないかと言う。私みたいな若輩者に新聞連載なんて務まるのか？ と聞けば、「肩の力を抜いて書いてくれればいいです」と。

どうせすぐに終わるから……と思いながら始まった連載だった。しかし、ありがたいことに、気づけば三年半も続けさせてもらった。連載が終わると、今度は、読んでくれていた毎日新聞出版の方が、「本にしましょう」と言ってくれた。

こうしてみれば、やはり人の縁で私は生かされてるのだと思う。同時に、これからもどんな縁が待っているのか、すでに楽しみになっている。

この本のもととなる連載を依頼してくれた毎日新聞の望月靖祥さん、本にまとめてくれた毎日新聞出版の梅山景央さんには感謝してもしきれない。

そして、最後までつたない私の本を読んでくださった読者の方々に、なによりいまは、「ありがとうございます！」と言いたい。

黒田有

本書は、「毎日新聞」大阪版に連載（二〇一四年一二月〜二〇一八年三月）されたコラム「黒田めせんじゃ〜!!」に加筆を施し、単行本化したものです。

[著者略歴]

黒田 有（くろだ・たもつ）

1970年、大阪府出身。お笑い芸人。日本料理の板前を経て、1991年、NSC大阪校に10期生として入校、あいはら雅一とお笑いコンビ「メッセンジャー」を結成する。漫才コンテストなどで実績を重ね、人気を確立。バラエティ番組の司会などにも定評があり、特に関西ではテレビでその姿を見ない日がないと言われる。本書が初の著書となる。

黒田目線《くろだめせん》

印刷　2018年10月20日
発行　2018年10月30日

著　者　黒田《くろだ》 有《たもつ》
発行人　黒川昭良
発行所　毎日新聞出版
〒102-0074
東京都千代田区九段南1-6-17 千代田会館5F
営業本部　03-6265-6941
図書第一編集部　03-6265-6745

DTP　TwoThree
印　刷　精文堂印刷　三松堂印刷
製　本　大口製本印刷

ISBN 978-4-620-32549-1